まえがき

　こんにちは、いずみです。

　はじめに『みるくさまのどたばた韓国体験記』お買い上げいただき誠にありがとうございます。m(_ _)m

　この本は、2004年5月から、韓国新聞社のインターネットサイトで掲載していたマンガで、日本人である、私ことみるく（ΦωΦ）が韓国生活で体験した出来事を綴ったものです。

　私は2002年、仕事で携わっていた韓国のゲームソフトがきっかけで、初めて韓国を訪れました。海外旅行が好きで、韓国で生活する前にも色々な国を旅行しましたが、特に語学を学ぼうと留学したことがあるわけでもなく、海外生活にあこがれるような冒険的な性格でもありませんでした。でも、人生とは自分でも想像できないもので、縁あって2004年7月から本格的に韓国ソウルで生活し、今は韓国企業に勤める会社員です。

　韓国で生活をスタートした当初は、ハングルも読めない全くの0からのスタートでした。（今も語学力が飛躍的に伸びてはいませんが ^ ^;）
言葉の壁や、慣れない生活習慣や、エネルギッシュな人々に圧倒されて家から出たくない日もありました。
しかし、韓国で体験したエピソードをマンガに描くことで、面白いネタが豊富な毎日が少しずつ楽しくなってきて、「これが本になったらいいな」と思っていたところ、思いがけず韓国で書籍化の話も決まり、2005年7月に念願の本が出版されました。

　外国で本を出版するということになるとは自分でも想像できなかったうれしい未来図でした。あまりのうれしさにソウル中の本屋に足を運び、本を買い占めました。^m^
（このおかげで？ 韓国ではベストセラーにもなりました ^0^/)

　韓国では、日本や日本人に興味のある多くの方々に、この本を手にとって読んでいただけました。日韓、友達どうしで読んで、楽しんでいただけた方も沢山いるようです。

日本でもこの本を手にする人のほとんどが、韓国や韓国の生活や人に興味がある、
または韓国語の勉強をしている人だと思います。
はたして、こんなキャラクターを自分に当てはめて描いているような私の体験談が、
日本人の代表となっていることが、良いのか悪いのかどうかは別として…。-_-
やはり興味を持って、本を手にとってもらえたことはとてもうれしく思います。
勿論この本だけで勉強にはならないかもしれませんが、話題の一つにでもしてもらえれば
幸いです。^^;

　そして、今回の本には、インターネットでは掲載しなかった私の韓国の友人達から見た
日本での体験のお話も収録しています。その名も「いぬうたの日本体験記!?」も収録してい
ます。いぬうた氏を通じて、韓国の人が思う日本を感じてもらえればと思います。^ェ^

　最後に、漫画の元となる面白いエピソードを提供してくれた、登場人物の方々本当にあ
りがとうございます。変な動物の姿に変えてしまってごめんなさい。
これからも面白いハプニングを私の為に提供してください。ヽ(´ー)ノ
そして、出版を引き受けてくださった出版社の皆様、誠にありがとうございます。m(_ _)m

　韓国は、日本の隣にあって共感できる部分も多く、どこか似ていて懐かしいですが、
言葉の壁、習慣や考え方の違いなど、やはり日本人の私にとっては外国！
韓国での生活に慣れてきた今となっては、当初のマンガのエピソードが当たり前になって
いることもありますが、(かなり韓国に馴染んでます´ー)
私の韓国での生活はまだまだ続きますし、きっと色々なハプニングも続くことでしょう。
もし、第２巻でまたお会いすることができるといいなぁ、と
思っております。(*´-`*)

著者 今関いずみ

もくじ

はな 第1期

- みるくがやってきた…10
- 居候…12
- スパイダーマン…14
- 怪盗いぬうた…16
- ぶりっ子？…18
- お金持ち？…20
- うるさい時には……22
- いぬうたは心配性…24
- 大切な日…26
- はいく「おふろの時間」…28
- すごい技…30
- ひるねの原因…32
- みるくブランド…34
- パンゲタンの女…36
- 寄生虫…38
- カンジャンケジャン…40
- みるくのダイエット・プログラム1…42
- ロングストレート…44
- お買い物…46
- さあ〜約束だよ〜…48
- みるく Old Story 1…50
- みるく Old Story 2…52

とぅる 第2期

- すてねこ…56
- おじさん…58
- 新しい友達「はな」…60
- プデチゲ…62
- コグマケーキ…64
- 女性の呼び方…66
- 過食…68
- はいく「じゃじゃみょん」…70
- なんでも「ケンチャナヨ」…72
- あいまいな「ケンチャナヨ」…74
- オッパー使いたい…76
- いぬうた先生…78
- いぬうた Old Story 1…80
- いぬうた Old Story 2…82
- 焼肉奉行…84
- みるくの逆襲…86
- みるくのダイエット・プログラム2…88
- かぜ？…90
- スキンシップ…92
- かわいいおとうと…94
- ゆきあそび…96
- なんでもよく食べる…98

みるくさまのどたばた韓国体験記

せっ 第3期

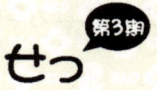

好物はあとで……102
女友達…104
携帯電話のマナー…106
カキ氷の幸せな食べ方…108
ケンカの形…110
誕生日パーティー…112
はいく「お誕生日パーティー」…114
日本の韓国ブーム…116
うそつき…118
マナーには訳がある？1…120
マナーには訳がある？2…122
みるくが…お姉さん？…124
くる！…126
ヘルスクラブ…128
映画の余韻…130
ナクチファイティン…132
ホンオフェ…134
健康診断…136

ねっ 第4期

日本へ行こう…140
みるく巨大化？…142
優雅にタクシー…144
漫画で勉強…146
回転寿司…148
牛丼の食べ方…150
無料マッサージ…152
みるくのエステ・プログラム…154
いぬうたの電車でGO!…156
京都へ行く…158
納豆へのこだわり…160
天災…162

四季のはいく

はる…8　　なつ…54
あき…100　　ふゆ…138

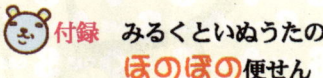
付録　みるくといぬうたの
ほのぼの便せん

「みるくさまのどたばた韓国体験記」
登場人物を紹介します！

みるく

みるく=milk、毛が白いからみるく。この猫がなぜ突然、全身にモノグラムをまとうようになったのかはいずれ本の中で。いぬうたのスーツケースに入って日本から韓国にやって来た高級ブランド猫。いぬうたの家に住みついて、くじけることなく優雅な日々を送っている。

すやすや

はな

留学生活が長くて、グローバルな感覚のHipHop猫。見た目はコワイけど実はかわいいものが大好きな、やさしい感性の持ち主。

なまけもの

みるくの周囲にうろつく正体不明のサル。このサルがくっつくと、誰もがなまけものになってしまう。

スポンジ

みるくのお風呂用ボディースポンジ。毎日みるくへの片思いがモコモコふくらむ。

あみたん

ショッピングが好きな、みるくの友達。恥ずかしがり屋で、いつもテディベアのぬいぐるみを被っている。

いぬうた

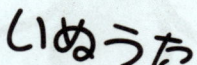

いぬうた＝犬歌、つまり歌う犬。みるくが住んでいる部屋の主。歌が好きないぬうたは、突然のみるくの侵入にとまどうも、いざみるくが居なくなると寂しがる義理のオトコ。どうやら金持ちらしい。

みるくさまのどたばた韓国体験記

第1期

はな

- みるくがやってきた
- 居候
- スパイダーマン
- 怪盗いぬうた
- ぶりっ子？
- お金持ち？
- うるさい時には…
- いぬうたは心配性
- 大切な日
- すごい技
- ひるねの原因
- みるくブランド
- パンゲタンの女
- 寄生虫
- カンジャンケジャン
- ロングストレート
- お買い物
- さあ〜約束だよ〜
- みるく Old Story 1
- みるく Old Story 2

みるくがやってきた
(미루쿠가 왔다)

과자를 너무 많이 샀나? / 무거워… (드르륵드르륵) / 집에 가야지~. (후우~) / 이누우타 귀국

(덜컥) / 라고 해봤자 아무도 없잖아… (달그락 달그락) (후훗) / 다녀왔습니다~. (휑~)

이렇게 미루쿠는 이누우타의 집에 찾아왔다. / (쿨쿨~) (으앙~) / 쇼크! 이누우타의 과자를 전부 먹어치웠다.

第１期 はな

　このマンガは韓国で生活する日本から来たネコ(?)みるくのお話です。もともとは日本の新聞社のインターネットサイトで描いていた漫画のキャラクターが始まりです。
　みるく(私なのですが…^^;)が初めて韓国に来たのは、2002年の2月15日です。初めての訪韓のきっかけは、韓国人の友達ができたから！
　その韓国人の友達が日本に遊びに来たので、東京や京都を一緒に旅行して日本を案内していました。そして友達に「自分が韓国に帰るとき一緒に韓国に行こうよ！」と誘われて、直感的に「面白そうだ^^!」と思い、友達が韓国に帰る同じ日の飛行機を予約しました。でも、飛行機は違う便でした。私のほうが早く到着する飛行機で、空港で約4時間、友達の到着を待つ予定でした。
　初めての韓国、初めての一人で乗った飛行機。緊張しながら仁川空港に一人で降り立って、ベンチに座りながら「韓国ははじめてだし、もちろん韓国語もできないし…どうしようかなぁ～」と思いながら韓国のガイドブックを見ようかなと本を開いたとき、私より遅く到着するはずの友達が缶コーヒーを持って待っていたのです！とてもびっくりしました。友達は私と空港で別れた後、こっそり飛行機の便を変更したのでした。とてもうれしいハプニングと共に、ドラマのような演出を感じました!!(ちょっと大袈裟！) そのときは後に、韓国で生活することになるなんて思いもしませんでしたけど^^;

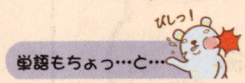

집(チブ) 家　　돌아가다(トラガダ) 帰る

무겁다(ムゴプタ) 重い　　사다(サダ) 買う

아무도(アムド) 誰も　　먹다(モクタ) 食べる

집에 가야지～
チベ　カヤジ～
家へ帰ろう。

居候(식객)

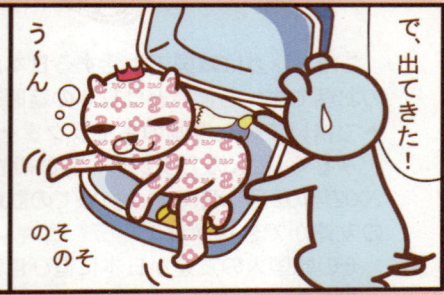

여긴 어디지?
(두리번 두리번)

어라? 우~웅
(어슬렁 어슬렁)

나, 나온다!

미루쿠는 외톨이…
맞다! 자장면 먹을래?

일…일본이 아닌거야?
(글썽 글썽)

여기는 한국.
이누우타의 집이야.

이대로 괜찮은거야?
이누우타!

어? 어디? 여기?
(후루룩 후루룩) 조금 오른쪽.

등이 가려워.
(후루룩 후루룩) 쉴래?

미루쿠 피곤해…

第1期 はな

　「韓国料理は好きですか?」という質問を本当によくされます。そんな時、「ジャージャー麺です!」と一時期ずっと答えていたほど、ジャージャー麺が好きです。(しかもインスタント!!)
　たしか、初めて韓国で食べたものが、友達が作ってくれたインスタントのジャージャー麺でした。でも見た目が、日本で食べるジャージャー麺とは違ってソースが黒いし、友達と韓国語でのコミュニケーションも上手く出来なかったので、そのときは何かわからず食べたと思います。
　でも、美味しかったので、日本に帰るときお土産で買って帰ったのですが、韓国では友達が作ってくれたので、作り方が良くわからなくて…失敗しました -_-; (その当時は、袋の裏の作り方の文字すら読めなかったので…)
　その後も、日本の友達にお土産でジャージャー麺を買って帰ったのですが、作り方を説明しないと、私のようにみんな失敗するようですね。
　私の両親の家にもあげたのですが、「普通のインスタントラーメンみたいに汁だくで作ってみたよ!」と言っていました。-o; パッケージの写真を見て想像してよ!と思ったのですが…さすが私の親ですね。^o;
　ジャージャー麺は今でも大好きな味です。

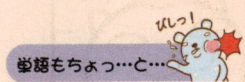
単語もちょっ…と…

나오다 (ナオダ) 出る	여기 (ヨギ) ここ
어디 (オディ) どこ	한국 (ハングク) 韓国
일본 (イルボン) 日本	가렵다 (カリョプタ) かゆい

피곤해…
ピゴネ…
疲れた…

スパイダーマン
(스파이더맨)

第1期 はな

　私は、ゲーム会社で仕事をしていますので職業柄、日本でも韓国でもゲーム関係のイベントなどには必ず行きます。日本ではゲームやアニメのキャラクターのコスプレをしている人達を本当によく見かけましたが、韓国でも日本同様にコスプレをする人達がいたので驚きました！
　もちろん韓国なので韓国のゲームのキャラクターも多いですが、日本のゲームやアニメのコスプレをしている人も沢山いて、関係ないけど私がうれしい気分になりました。
　また、みんなゲームやアニメで日本語を勉強している人も多く、「知ってる日本語あるよ！」と言われて、いきなりアニメの難しい台詞を言われることも多くて驚きです。^^;
　日本が誇る最大のエンターテインメントである、ゲームやアニメから日本に興味を持つ若者が沢山いてうれしいです。

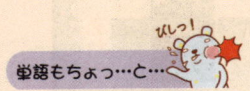
単語もちょっ…と…

간지러워（カンジロオ）かゆい

거미（コミ）くも　　그것（クゴッ）それ

돼지（テジ）豚　　　~잖아（ジャナ）~じゃん

돼지잖아~
テジジャナ~
ぶたじゃん~

怪盗いぬうた

(괴도 이누우타)

(펄럭펄럭)　　오늘밤에도 세계에　　나는 괴도
　　　　　　　잠들어 있는 보물을　이누우타
　　　　　　　가져가겠소.

또 사지뭐~　　앗!　(미끌)　(빠직!)　　　(스륵스륵)

(삣 삣 삣)　(스윽)　역시　(척!)　저거다!

第1期 はな

　幸い、私は韓国で泥棒や盗難の被害にはあったことはありませんが、全く聞かない話というわけでないので、やはり外国に不慣れな外国人が住む以上、注意は必要だと思います。
　ただ、治安に関していうと韓国は安全なほうだと思います。（危ない場所に行かないだけかもしれませんが…）
　良い、悪いは別として小学生ぐらいの子供が夜にインラインスケートやバドミントンで遊んでいたりするのをみると、夜道遅くなって家に帰るのも怖くなくなります。
　私は日本では犯罪都市ワースト3ぐらいに入るようなところに住んでいたので、日本の夜道のほうが怖かったです。-_,,

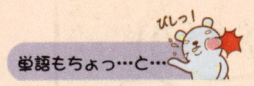

오늘밤 (オヌルパム) 今宵
잠들다 (チャムトゥルダ) 眠る
〜을/를 (〜ウル/ルル) 〜を

세계 (セゲ) 世界
보물 (ポムル) お宝
역시 (ヨクシ) やっぱり

저거다!
チョゴダ！
あれだ！

ぶりっ子?

(내숭쟁이?)

그렇게 긴장하지마!
(꾸벅)

아미탕입니다.
오늘 잘 부탁합니다.

아미탕, 오늘 데이트 해!

아미탕 도박 안하구,
데이트도 한 적이
없어요.

피워 본 적
없어요.

담배 피워?

우유로
할게요.

술 마실 줄 알아?
아미탕 술 못해요….

솜이 나왔어?
(허걱 허걱)

그리고 그리고…
(긁적긁적) (안절부절)

목욕을 안해도
좋은 향기가 나요.

게다가 아미탕은 예뻐서
화장실도 안가고,

第1期 はな

　韓国に約1年住んで、だいぶ馴染んできたせいか(?)最近、韓国人に間違えられることも多くなってきたようです。駅などで友達と待ち合わせをしていると、本当に沢山の人が道を尋ねてきます。私が日本人に見えないのかな？ということも考えられますが、韓国の人達はわからないとすぐ人にたずねるようです。それが外国人であっても！
とにかく！聞かれるのであればそつなく答えて韓国人のふりをしようと企んでいます。^m^
　聞かれて、知らないときの「わかりません」と言うぐらいの韓国語であれば、私的には流暢に話したつもりなので、まさか私が日本人だとは思うまい！^m^ と心の中でほくそえんでいますが、ある日聞かれた場所が知っている場所だったので説明したら理解はしてくれましたが、笑って立ち去られました。ちょっと悔しかったです。T_T
　日本人のボロが出ていたのでしょうかね？

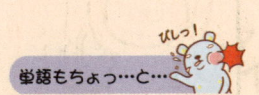

오늘 (オヌル) 今日	데이트 (デイトゥ) デート
긴장 (キンジャン) 緊張	～하지마 (ハジマ) ～しないで
예쁘다 (イェプダ) かわいい	화장실 (ファジャンシル) トイレ

긴장하지마!
キンジャンハジマ！
緊張しないで！

お金持ち？(부자?)

이누우타, 아파트 샀어.   이누우타, 차 샀어.   그런데…   이누우타는 매일 노래를 불러.

(휘릭)   (히죽)   이누우타, 왜 일을 안하는데 돈이 있어?

히히~ 간지러워!   배에 숨겼지!   거기군?   미루쿠한테 가르쳐줘! 어디에 숨긴 거야!

第1期 はな　21

　韓国にも、へそくりに相当する「ピジャグム」という言葉があります。
　どこの国でもお金は隠すもの＾＾？
　一般的にはタンスの中や美術品の壺の中に隠したりするそうです。また、日本のように畳はありませんが、床に隠すというのは共通（？）なようで、オンドル床の下に隠すなんてこともあるようです。＾＾（熱でお札の色が変色することもあるらしい…？）

　キムチの壺やキムチ冷蔵庫に入れるのかしら？と思ったのですが、「匂いがつくからね～」って笑われちゃいました。でも、匂いがつくことを知っているということは、一度は隠したことがあるのかしら。＾m＾

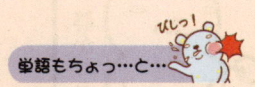
単語もちょっ…と…

매일（メイル）毎日　　노래（ノレ）歌
차（チャ）車　　　　　왜（ウェ）なんで
돈（トン）お金　　　　숨기다（スムギダ）隠す

가르쳐줘!
カルチョジョ！
教えろ！

うるさい時には…

(시끄러울 때에는…)

(팔랑팔랑) 너무 빠른 거 아냐? …무서워, 흔들려.　자, 빨리!　미루쿠, 버스 한번 타볼래?　아!

차세워!　미루쿠! 토할꺼야~!　차멀미…메스꺼워.　좋아, 조용해졌다.

第1期 はな　23

　私は韓国に来る前に韓国語の勉強をしたこともなく、また韓国で住み始めた後も、語学学校にも行かず、言葉を赤ちゃんが覚えるのと同じようにして口伝えで覚えました。だから会話はパンマルだらけで、原始人のように文字の読み書きが苦手です！（さすがに、それはまずいだろうと、今更ですが最近語学院に通い始めました！）なので、会話中に解らない言葉があるたびに友達に、「○○ってなに？」といつも聞いていました。
　ところがある日、いぬうた氏が、私のことを友達に「あ〜、子供みたいになんでも聞いてうるさい、面倒くさい！面倒くさい！」と話していました。
「ふん！わからない」と思ってそんな悪口言いやがって!!
べーだ！そういう言葉はわかってしまうんですよ！
　しかし、私にもちょっと同じようなことが…。友達の子供が、外国人の私に対して「これなに？」と質問するのです!!!
それに私は答えることが出来ず…。あー、面倒くさい！

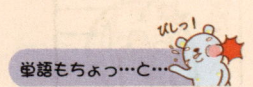
単語もちょっ…と…

쓰다（スダ）書く　　어린이（オリニ）子供
시끄럽다（シクロプタ）うるさい
타다（タダ）乗る　　세우다（セウダ）止める

무서워〜
ムソウォ！
怖いよ！

ぶらんぶらん

いぬうたは心配性
(이누우타는 걱정쟁이)

지금 먹고 있어. 　미루쿠, 밥 먹었어? 　앗! 이누우타한테서 온 전화다. (부르르르) 　미루쿠는 아미탕과 식사중

짜증내니까 배 아프네. 화장실 좀 다녀올게. (꾸르르르) 　까르보나라… 모야, 왜 그런것 (빠직!)까지 물어봐! 　어떤거? 　응, 파스타… 　뭐 먹고 있어?

그런 건 묻지마~ 　어때? 나왔어? 　(부르르르) 　배아파서 화장실 가니까 나중에 걸어! (☆빠직) 　뭐야, 이누우타! 뭐해?

　以前私が、日本と韓国を行ったり来たりしていた時、いぬうた氏は一日に何度も電話をしてきました。「今なにしてる？」とか「ご飯食べた？ 何食べた？ 誰と一緒？」など、特に重要でもないたわいも無い話。しかも、トイレやお風呂で電話に出ないと怒るし…。-_-
　おまけに「電話代が高い!!」と文句を言うし！
　心配なのかもしれませんが、「食べたものの内容まで聞かなくてもいいじゃん！ 拾い食いなんかしないよ！ 犬猫じゃないんだ！」と思うこともありました。
　しかし、これが習慣になってしまうと、電話がないとなぜか心配になってしまいます。そわそわして私から電話をして「ご飯食べた？ 何食べた？ 誰と一緒？」と聞くようになりました。
　韓国の親しい関係では、こういったやり取りはごく自然で、それぞれの近況を気遣う挨拶みたいなものなんでしょうね！

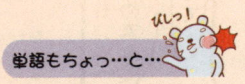

식사（シクサ）食事　　전화（チョンファ）電話
밥（パプ）ご飯　　　지금（チグム）今
화나다（ファナダ）むかつく　화장실（ファジャンシル）トイレ

밥 먹었어?
パプ モゴッソ？
ご飯食べたか？

大切な日(중요한 날)

오늘 중요한 협의가 있어… 그런데 어떤 표정이 좋을지…(멍청한 얼굴)　　　무슨 일이야, 이누우타?

(히죽)　좋아 좋아.　음…　그럼 안경을 써보는게 어때? (팔랑)

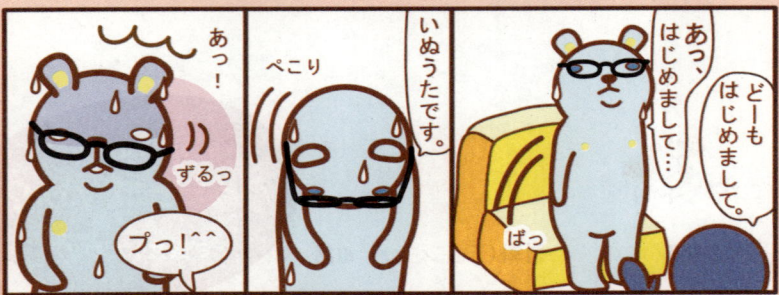

앗!
(주륵) 풋! ^^　이누우타입니다. (꾸벅)　(탁) 처음 뵙겠습니다 앗, 처음 뵙겠습니다….

韓国に来てから「大切な日」というのが私にもありました。正確には「緊張した日」かな？

韓国で本を出版した後、宣伝用に私のインタビューをカメラで収録するということがありました。質問に対して、日本語で答えていいですよ！と言われたのに、なぜか緊張して日本語なのに上手く話すことができずに、何度も収録しなおしました！（スタッフの皆様ごめんなさい！）

もっと面白いことを言って、本の宣伝に役立てたかったのになんだか普通になってしまいました‥‥＞＜

もう一度こんな機会があったら、今度こそちゃんと決めてやるぅぅ!! ってもうないかな＾＾？

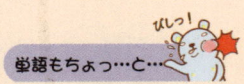

単語もちょっ…と…

중요한（チュンヨハン）大切な 　하지만（ハジマン）でも
얼굴（オルグル）顔 　　　　　안경（アンギョン）メガネ

무슨 일이야?
ムスン イリヤ?
どうした?

バスタイム
たまには
ゆぶねに
はいりたい♡

お風呂の時間

バスタイム (5)
목욕시간

たまには ゆぶね (7)
가끔은 욕조

はいりたい (5)
들어가고 싶어

すごい技 (대단한 기술)

미루쿠? 머리에 스폰지 얹고 뭐해?

호잇!

분명 수십년 후에는 이 모습을 볼 수 없을거야….

봐봐! 이런 아줌마들 많이 보지? 하지만 젊은 사람은 아무도 하지 않잖아?

힘내…

작은 짐부터 연습해야 돼.

그러니까 미루쿠가 이 기술을 습득해서 후세에 전하는 거야!

第１期 はな

　日本で韓国に関するテレビ番組で、頭に大きな荷物を乗せて歩いているおばさん達を見ました。
　手で荷物を押さえるわけでもなく、ただ、頭に乗せてバランスよく歩いている姿はとても不思議に見えました。しかし、私は実際韓国に来て見ると、そのようなおばさんはほとんど見かけません。
テレビでは、町中に頭に荷物を乗せたおばさん達が沢山いるように見えたのに…。
たしかに、東大門や、南大門などの市場に行けば見かけることもありますが、その姿は年々確実に減っているように見受けられます。
　私が子供の頃、日本でも自分よりも大きな荷物を背中に背負っている市場のおばさん達（さすがに頭には乗せていませんが…）を沢山見かけましたが、そういえば近頃は全く見かけなくなりましたね。なんとなく寂しいです。

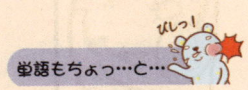

머리（モリ）頭　　　　스폰지（スポンジ）スポンジ

아줌마（アジュンマ）おばさん

짐（チム）荷物　　　　연습（ヨンスプ）練習

힘내…
ヒムネ…
頑張れ…

ひるねの原因

(낮잠의 원인)

(쉿 쉿)　미루쿠는 일해야 돼.
　　　　　따라오지마.

(띠용)　(우～응)　배불러.　점심식사 후
　　　　　　　　배불러.

이봐!　음냐…　(쿨～쿨～)　(쿠～)

第1期 はな　33

　お昼ごはんを食べたときに眠くなるのは、全世界共通のことのようです。（あたりまえだ！）
　特に私の場合、韓国に来てからきっちり食事を取るようになったので、余計に眠気が何度も押し寄せる津波のごとくやってきます。
　日本の職場では、仕事が忙しくて昼食をコンビニで買ったり、仕事で外出ついでに一人で簡単に済ませることが多かったのですが、今は会社の人達と満腹になるまでご飯を食べています。（これが原因？）
　主なメニューは、キムチチゲ、スンドゥブ、プデチゲ、ビビンバ、ジャージャー麺、プルコギ、サムゲタン、キムチポックムパ、チーズラーメン、のりまき、等々。
　あ～ またお腹が空いてきました。今日は何にしようかな～

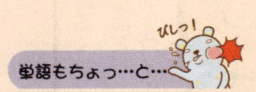

単語もちょっ…と…

일（イル）仕事　　따라오다（タラオダ）ついてくる
점심식사（チョムシムシクサ）昼食
배불러（ペブルロ）まんぷく　　이봐!（イバ!）こら!

따라오지마!
タラオジマ！
ついてくるなよ！

みるくブランド

(명품 미루쿠)

第1期 はな　35

モノグラムで構成されたデザインはシンプルですが、なんとなくお洒落でかわいい感じがしませんか？ほら、ブランド品もこういったデザインが多いんじゃないですか？
　そう思ってみるくの体もモノグラムにしてみました！「ミルク」の文字と「お花」と、一見「ドルマーク」と間違えがちですが、「I」と「Z」のアルファベットの組み合わせ文字です。これは私の名前からとったものです。てへっ！
　…でもいぬうた氏はブランドに興味ないみたいです。--;

単語もちょっ…と…

~하고 (ハゴ) 〜と　　함께 (ハムケ) いっしょに
왜냐하면 (ウェニャハミョン) なぜなら
시계 (シゲ) 時計　　흥미 (フンミ) 興味

명품이니까!
ミョンプミニカ！
高級品だから！

ミルクロ

コケコッコー

パンゲタンの女

(반계탕 아가씨)

みるく、蔘鷄湯を食べる

バンゲタン下さい。

わたしも！

パンゲタンって何だ？

蔘鷄湯は鶏が一羽、バンゲタンは、半分ってことだよ。

미루쿠 삼계탕을 먹으러 왔다.

반계탕 주세요. 저도요.

반계탕이 뭐야?

삼계탕은 닭이 한 마리, 반계탕은 반 마리라는 뜻이야.

かわいい女はバンゲタンを注文する。

うーん… でも、足たりないような…

みるくはどうする？

みるくはもちろん女の子だもん！

귀여운 여자는 반계탕을 주문한다. 그래도 부족할 것 같은데…

미루쿠는 뭐 시킬래?

미루쿠는 당근 여자니까!

ご注文は？

いぬうたはバンゲタン…

みるくはバンゲタン二つ

意味ないだろ！蔘鷄湯にしろ！

イヤだ！イヤだ！

주문은요?

이누우타는 삼계탕…

미루쿠는 반계탕 두 개.

쓸데없이! 그냥 삼계탕으로 시켜!

싫어~ 싫어~

36

はじめてサムゲタンを食べたとき、鶏一羽がなべに入ったものを食べました。^_^　鶏のお腹に中から、もち米やナツメ、にんにく、栗、銀杏、朝鮮人参などたっぷり詰まっていて、サムゲタンはスタミナ料理です！
　韓国では、日本の土用の丑の日のような、「ポクナル」と呼ばれる、夏の暑い日にスタミナ料理を食べる日があり、この日は、「ポシンタン」(犬の鍋)、「サムゲタン」、「チュオタン」(どじょう鍋)を食べます。
　その「ポクナル」に大勢でサムゲタンを食べに行った時、女の子がみんなパンゲタンを頼んでいたのですよ！そのとき私は初めてパンゲタンの存在を知りました。
　そして友達が私にこう、告げました。
　「あなたは一人でサムゲタンを食べられるだろうけど、女の子はみんなパンゲタンだから、はずかしい思いするとかわいそうだから、パンゲタン注文しておいたよ。」だって！ガーン！(´Д｀)
　今では堂々とサムゲタン食べています。^u^

単語もちょっと…と…

반계탕 주세요
パンゲタン チュセヨ
パンゲタン下さい

주세요(チュセヨ) 下さい　　닭(タク) 鶏
주문(チュムン) 注文　　　반(パン) 半分
부족하다(プジョクハダ) たりない　귀엽다(クィヨプタ) かわいい

寄生虫 (기생충)

すやすや
！
お菓子が食べられてる…

それはなぜか旅行カバンの中にいた。
おもい…

すやすや

それは、数日前いぬうたの家に住みついた。

(피유피유) 과자를 다 먹어치웠다.

그것은 어째서인지 여행가방 안에 있었다.
무거워…

(피유피유) 그것은 며칠전 이누우타의 집에 자리잡고 살기 시작했다.

おなかいたい… ぐるぐる
こんなのと同じたぐいかもしれない。
それは、ふとんにいるこんなのだったり、

体をスキャン中
顕微鏡で200倍

なんかねてるし…
そして、当たり前のように溶け込んでいった。

이런 것과 같은 부류일지도 몰라.
배아파…. (꼬물꼬물)

그것은 이불에 있는 이런 것이거나,

왠지 모르지만 자고 있어….

그리고, 당연하다는 듯이 생활 속에 녹아 들어 왔다.

えっ、読んだのか…

じぃーっ
ちょっと不気味だったり…

어, 읽은거야….
(물끄러미~) 좀 불길한데….

それぞれの首都である東京とソウルを比べたとき、ソウルには東京ほど一人暮らしをしている人がいないように感じます。もちろん、地方から出てきて一人で住んでいる人もいますが、やはり親と一緒に住んでいる人が圧倒的に多いようです。また、兵役に行っていたので大学の卒業が遅くなったり、海外に留学したり、大学院にいったりして、学生の時間が長く、就職につく年齢が遅いのも関係してるのかしら？
　私も、韓国に来て引越しを何度かしているので、沢山の不動産屋にいきましたが、単身者用の住まいは日本より少なく感じました。それに入居時に結構な金額のお金を準備しなければいけないので、学生や、働き始めた会社員などにはちょっときついかもしれませんね！
　もちろん、手ごろな学生用の下宿やアパートみたいなものは多くありますよ。

単語もちょっ…と…

여행（ヨヘン）旅行　　　안에（アネ）中に

당연하다（タンヨンハダ）当たり前だ

이불（イブル）布団　　　이런 것（イロンゴッ）こんなの

배 아파…
ペ アパ…
お腹、痛い…

カンジャンケジャン

(간장게장)

カンジャンケジャン？	うん！ 食べたいの？	みるく、カニがとっても好きだぁ〜
간장계장?	응! 먹고 싶어?	미루쿠는 게를 엄청 좋아해〜

うまい〜	醤油付けのカニだよ。 ちゅう〜	
맛있어〜!	간장에 절인 게야. (츕〜)	

たかい〜	げふっ み、みるくこんなに沢山食べたのか？	はっ!
비싸〜	미, 미루쿠 이렇게 많이 먹었어? (꺼윽)	핫!

第1期 はな

　誰かに「ご飯をご馳走してあげるよ！」と言われたら、私は「カンジャンケジャンが食べたい！」と言っています。あの蟹味噌の輝き、黄色い卵の誘惑を、想像しただけでよだれが…。でも、蟹の足を頑張ってしゃぶりすぎて、口の中が痛いときもあります。-_-;;　そんなに吸うなって？そのぐらい大好物なんです。
　今までは、日本でたべる松葉蟹の蟹しゃぶが一番おいしい！と思っていましたが、韓国に来て、カンジャンケジャンに変更しました！
　でも高いから、そうそう食べられないし、どちらかというと蟹少々と醤油でご飯を沢山食べてお腹いっぱいにするってかんじかしら？(蟹だけ沢山食べたいT_T)
　たまに蟹アレルギーの人がいたり、ちょっとカンジャンケジャンは見た目が気持ち悪いですから、「キモイ」と言われて嫌われたり…。しかし、負けずに言いつづけよう！「カンジャンケジャンが食べたいです！」　あっ、私ってば、人にご馳走になることしか考えていませんね！

単語もちょっ…と…

게(ケ) カニ　　　　　간장(カンジャン) 醤油
좋아하다(チョアハダ) 好きだ
맛있다(マシッタ) うまい、おいしい

먹고 싶어?
モッコ シポ？
食べたいの？

みるくのダイエット・プログラム1

みるくのように ウォーキング

自然で無理のない姿勢で**ゆっくり歩く**ことから始めましょう。
上半身はまっすぐ伸ばして、身体の力を抜いて、頭を上げるのが正しい姿勢。
週に3日くらい、1日3km/35分を10週間続けたら、今度は週に4〜5日、4.8km/50分で歩くようにしましょう。

ウォーキング前に

ウエストのゼイ肉は骨盤に押し込んで、翼(?)は畳んでスマートに見えるように！

みるくのウォーキング秘法

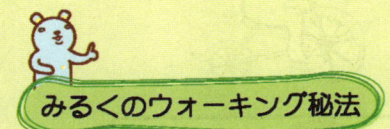

いち 背中とお腹のゼイ肉を落とす法

に 二の腕のゼイ肉を落とす法

さん 太もも・胸のゼイ肉を落とす法

続けてやると

ロングストレート
(롱 스트레이트)

韓国の女の子は、髪の毛が綺麗なストレートが多い。
한국 여자들은 머리카락이 예쁜 스트레이트가 많다.

やっぱりあれかな？
いいな〜なんでかな？
좋겠다～ 왜일까?
역시 그걸까?

くんくん
(킁킁)

ひひっ！みるくも買ってみた。
ありがとうございました。
히힛! 미루쿠도 샀지롱～
감사합니다.

うむ！きっとそうに違いない！
ニヤリ
응! 분명 그거야!
(씨익)

えっ！違うの？やっぱりキムチか？
はあ〜？
ぽろっ
어! 아니야? 역시 김친가?
에엥? (팔랑)

みるくも綺麗な髪になりたいんだもん！
むしゃむしゃ
미루쿠도 예쁜 머리카락이 갖고 싶어!

みるく、どうして海苔ばっかり食べてるんだ？
미루쿠, 왜 김만 먹고 있어?

韓国の女性の綺麗なストレートヘアは通称メジックと呼ばれる「パーマだった！」ってことを韓国生活もだいぶ過ぎさった頃に知りました。(メジックとは日本語発音だとマジック)それまでは、食べ物のせいかな？水のせいかな？それとも空気のせいかな？きっと、私もしばらく韓国で生活していたら髪の毛が綺麗になれるのでは？と本気で思っていました…^ ^;;

　ところが全く変化なし!!(あたりまえだ！)
　友達と美容院に行ったときに初めて、ストレートパーマをしている人をみて初めて、韓国女性の髪の美しさの秘密を知ったのでした!!!　そして、先日、私も試してみたくてついに憧れのメジックをしました!!

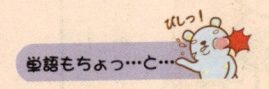

韓国もちょっ…と…

머리카락 (モリカラㇰ) 髪の毛　　김 (キㇺ) 海苔

많다 (マンタ) 多い

감사합니다 (カㇺサハㇺニダ) ありがとうございます

어！아니야？
オッ！アニヤ？
えっ！違うの？

お買い物 (쇼핑)

どう？
へんだよ…

洋服買いに行こうよ！
うん、行こう！
大きいみたい…
ウエストがブカブカ〜

옷 사러 가자!
그래, 가자!
큰 것 같은데….
허리가 헐렁헐렁〜

長すぎるぅ〜
頭がでかくて入らない！
そういえば、韓国の女の子って大きいよね。
コビト…
うん、足も長いし…

너무 길어〜
머리가 커서 안 들어가!
그러고보니 한국 여자들은 참 크구나.
난쟁이…
응, 다리도 길고….

みるく、これ見て！これは、私達サイズじゃない？
ほんとだ！ウエストも長さも丁度いいみたい！
あっ…でも、ジュニアって書いてある…
Junior size

미루쿠 이것 봐! 이거, 우리 사이즈 아냐?
진짜네! 허리도, 길이도 딱 맞는 것 같아!
앗… 근데, 주니어라고 써 있어….

46

私は日本でも体が大きいほうではありません。標準的なほうでしょうか？
　そして韓国人は日本人より体が大きいようです。女性もそうですが、特に男性！だから洋服を買いに行くと、丁度良いサイズがないですね。T_T
　私より体の小さい人が、ぴったりとしたジーンズを履いていると、どこで買ったんだろう？と不思議に思います。
　でも、たまに得することもあります。洋服のバーゲンって、遅く行くと大きいサイズか小さいサイズしか残っていないのですが、その小さいサイズが私にはジャストサイズだったりするのです!! それを見つけたときは、まさにシンデレラの靴状態!?
　漫画ではその場でジュニアサイズだということに気が付きますが、本当は家に帰ってきてから解りました。まぁ、気に入れば子供服でもいいかな？ ちがうか…(ボリボリ)

単語もちょっと…と…

가자〜 (カジャ) 行こう
허리 (ホリ) 腰
들어가다 (トゥロガダ) 入る

크다 (クダ) 大きい
길다 (キルダ) 長い
다리 (タリ) 足

진짜네!
チンチャネ！
ほんとだ！

さあ〜約束だよ〜
(자아〜 약속이야〜)

小指の爪だけ伸ばすのはおやじの証ですか？

なんだ？小指立てて…指きりするのかな？

みるく 約束だ！

뭐야? 새끼 손가락 세우고…
손가락 걸자는 건가?

미루쿠 약속이야!

むむっ！勝負する気か？
きらん

とんとん
親指を立てろ。

にぎにぎ

우웃!　(번뜩)
한번 해보자는 거야?

(툭툭)
엄지 손가락 펴!

(슬금슬금)

みるくの勝ち！
あっさ!!

むぎゅっ！

おっと！

미루쿠 승!

(꽈악!)

이크!

第 1 期 はな

　　日本にも「指きりげんまん〜♪」と歌を歌いながら、約束の交わし方がありますが、韓国での約束の仕方は、小指同士組んだあと、親指を合わせます（捺印を意味する）。韓国の約束の仕方は独特だと思いました。
　　でも、よく考えると「指切り」という日本語の表現は変ですよね？韓国の友達から、「指きりって、指を切り落とすことなの？」と言われて初めて気が付きました。
　　「指きり」＝「約束」が当たり前になっている私には、そんなこと想像もしませんでしたが、確かに文字だけみるとそんな連想をしますよね？
　　韓国と日本で約束のやり方は微妙に違うのですが、約束の証に指を組み合わせることは同じというのは不思議ですね〜。

単語もちょっ…と…

약속（ヤクソク）約束　　승부（スンブ）勝負
새끼손가락（セキソンカラク）小指
엄지손가락（オムジソンカラク）親指

자〜 약속이야〜
チャ〜 ヤクソギヤ〜
さあ、約束だよ〜

みるくオールドストーリー1
(미루쿠 Old Story1)

なーご なーご

むかしむかし昔々みるくがまだ白く小さかった頃…
かわい〜！白いから名前はみるくだね！
でなで

옛날옛날 미루쿠가 아직 하얗고 작았을 때…
귀여워~ 하야니까 (스윽스윽) 이름은 미루쿠야.

なーん
小さな白いみるくは可愛がられていました。
みるくおいで！

(냥)
미루쿠 이리와~!
작고 하얀 미루쿠는 귀여움을 받고 있었습니다.

ブランド？
やっぱり血統書付きだよね。ブランドものは違うよね！
アメリカンショートヘアーだ！
ところがある日…

명…품…?
역시 혈통있는 고양이야! 명품은 달라!
그러던 어느 날… 아메리칸 숏헤어다!

すりすり
みるくは、幸せな日々が続くと思っていました。

미루쿠는 행복한 나날이 계속되리라 생각했습니다. (부비부비)

ばん！
やすものさん…
つづく

싸구려… 계속
(쾅!)

ひいぃー！
やすものさんばいばーい！
毛並みも違うよ！

싸구려는 바이바~이
(히이익!!)
털의 결도 틀려.

今私は、真っ白な「みるく」と言う名前の猫を飼っています。とっても可愛いです。＾＾
　ターキッシュアンゴラという種類の猫で、日本では珍しい種類ですが、韓国の猫好きには割と知られている品種のようです。
　この猫ははじめは貰い手が決まっていたようなのですが、縁があって、韓国の漫画家さんから譲り受けて私のところにやってきました。
　今ではかけがえのない家族の一人です。
　いつか、この「みるく」も変身するかしら？？なんてね！

単語もちょっと…と…

하얗다（ハヤッタ）白い　　　작다（チャクタ）小さい
행복하다（ヘンボカダ）幸せだ　계속되다（ケソクデダ）続く
싸구려（サグリョ）やすもの　틀리다（トゥルリダ）違う

미루쿠, 이리와!
ミルク イリワ!
みるく、おいで！

みるくオールドストーリー2

(미루쿠 Old Story2)

깡~   비참 싸구려! (훌쩍훌쩍)   미루쿠는 싸구려… (훌쩍훌쩍)

갈기갈기   끄드드득   빠칭~

이렇게 해서 미루쿠는 다시 태어나게 된 것이었습니다. (팔랑팔랑)

그 후, 심신 모두 일류가 되기 위해 유럽으로 여행을 떠났습니다.

타닷!
뭐야 저게?

第 1 期 はな

53

　私がはじめて韓国の仁川空港に着いたとき、先に到着していた友達が缶コーヒーをくれました。（もちろん頭には当たっていませんでしたけど！）
　2月の寒い日、一人で空港に着いた時に渡された暖かい缶コーヒーは、緊張して凍りついた私の心を溶かしてくれたような気がしました。
　こうして、思いがけないきっかけから韓国に住むようになりました。

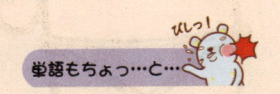

비참（ピチャム）悲惨

일류（イルリュ）一流

다시 태어나다（タシ テオナダ）生まれ変わる

그 후（クフ）その後

유럽（ユロプ）ヨーロッパ

뭐야 저게?
モヤ チョゲ?
何あれ？

なつがくる
うみも
いいけど
ハレーション☆

바다도
여름이 온다
좋지만
물 냉면 ☆

みるくさまのごたばた韓国体験記

第2期

とうる

- すてねこ
- おじさん
- 新しい友達「はな」
- プデチゲ
- コグマケーキ
- 女性の呼び方
- 過食
- なんでも「ケンチャナヨ」
- あいまいな「ケンチャナヨ」
- オッパー使いたい
- いぬうた先生
- いぬうた Old Story 1
- いぬうた Old Story 2
- 焼肉奉行
- みるくの逆襲
- かぜ？
- スキンシップ
- かわいいおとうと
- ゆきあそび
- なんでもよく食べる

すてねこ (버려진 고양이)

ガンバレヨ…
みゅーみゅー

みゅーみゅー
まだ小さいね。
…
ん？
あっ すてねこだ。

아직 작네.
(미유~ 미유~)
응?
앗, 버려진 고양이다.

みるくいこう。
みゅー
はうぅ
ぽんぽん
かわいそうだけど、うちにはもう、みるくがいるからね。

미루쿠, 가자.
(미유~)
아흐윽
(통통) 불쌍하지만, 우리 집에는 미루쿠가 있으니까.

おまえもうまれかわるんだ！
みるく！
かこーん
ぎょっ！
シュッ
ガシッ

너도 다시 태어나는 거야!
미루쿠！
(니얏!)
(깡~)
(슝)
(덥썩)

第2期 とぅる

韓国でもペットブームですが、圧倒的に猫より犬のほうが人気があります。
　私は、犬よりは猫派なのですが、やはり人気がないのか、日本より猫用品のグッズが充実していなかったり、猫専用の良い病院も少ないようです。
　捨て猫はみたことありませんが、韓国の野良猫のことを、トドゥックコヤンイといいます。日本語で言い換えれば泥棒猫！なんかひどいです。T_T

堂姫もちょっ…と…

아직 작네
アジク チャクネ
まだ小さいね

고양이（コヤンイ）ねこ　　～니까（ニカ）～から
불쌍해（プルサンヘ）かわいそう　　너（ノ）おまえ
버리다（ポリダ）すてる

おじさん (아저씨)

おじさんと呼んでいいのは、いつからですか？

아저씨!!

タクシーで
おじさん ミョンドンまで。
はい

아저씨, 명동까지요.
네.
택시에서

バスで
おじさん 二人分ね。
はい
この人も？
ぴっ

아저씨, 두사람요.
네. (삣)
이 사람도?
버스에서

飲食店で
おじさん 水を下さい。
少々お待ちください。
あの人も…

아저씨! 물 주세요.
잠깐만 기다리세요.
저 사람도?
음식점에서

公園で
あっ
ころころ

앗…
(데굴데굴)
공원에서

おじさんありがとう。
いぬうたも…

아저씨, 고마워요.
이누우타도…

みんなおじさんって呼んでいいんだ！便利な言葉なんだね。ねぇ、おじさん！
おじさんって呼ぶな！
아저씨!!

전부 아저씨라고 불러도 되는구나. 편리하네. 안그래? 아저씨!!
아저씨라고 부르지마!

第 2 期 とぅる

　韓国に来た時、おじさんの風貌の人に対して、タクシー運転手だろうと、お店の店員だろうと、ガードマンだろうと、とにかくどんな職業の人でも「おじさん」と呼んでいることにびっくりしました。（おばさんも同様です。）

　日本では職業の名前で呼んだり、「すみません」と声をかけたり、「おじさん」と呼ぶのはちょっと失礼な感じがして、あまりそういう呼び方をしないですよね？

　そしておじさんがおじさんに「おじさん！」と呼びかけているのを見たとき、「お前もおじさんだろ？」と突っ込みたい衝動に駆られました。こんなことで笑えるのは私だけかな？

坐骨もちょっ…と…

택시（テクシ）タクシー
물（ムル）水
고맙다（コマプタ）ありがとう
～까지（カジ）～まで
공원（コンウォン）公園
부르다（プルダ）呼ぶ

물 주세요
ムル チュセヨ
水下さい

新しい友達「はな」

(새친구 '하나')

留学していた友達が帰ってきた。
ハロー♪はなです。
はなは、体が大きい。
わーい

유학 가 있던 친구가 돌아왔다.
헬로~♪ 하나예요.
하나는 몸집이 크다.
이야~

みるく、いぬ食べたことあるか？
いぬ？
プードルとか食べちゃうの？
えーっ！
くーん

미루쿠, 개 먹어본 적 있어?
개?
푸들같은 걸 먹는거야?
에엑!
(끄응)

ノーノー食用はブタみたいな犬だよ。
ブタみたいな犬
えっ？
ごろん
いぬうた！にげて～！

노~노~ 식용은 돼지처럼 큰 개야.
돼지처럼 큰 개
엣? (데구르)
이누우타!
도망쳐~!

第2期 とぅる

　それぞれの国には、それぞれの食文化があります。
韓国では「犬を食べる」という話を聞いたとき、すごく驚きました。大抵の日本人は嫌がる人が多いと思いますが、初めて聞いたとき、私はちょっと食べてみたい…ふふっ！と思いました。(あっ、もちろん食べましたよ！)
　韓国でも女の子や若い子たちは、食べたこと無い人も多いし、嫌いな人も多いですね。
　また、日本では馬の肉を食べますが、たぶん、韓国の人達からみたら、馬を食べることは、犬を食べる以上に信じられないことのようです。どっちも美味しいのですけど!!
　今回漫画に登場した「はな」のモデルもいます。おそらく、登場するキャラクターの中で一番似ているかもしれません。^_^;; そして、はな氏は最近、日本語を習い始めました。はな氏のたどたどしい日本語と私の怪しい韓国語で、いつも変な会話をしています。

도망쳐~
トマンチョ~
にげて~

韓語もちょっ…と…

유학 (ユハク) 留学
(~한) 적 (ハン チョク) (~た)こと
~같은 (カトゥン) ~みたいな

돌아오다 (トラオダ) 帰る
식용 (シギョン) 食用
도망치다 (トマンチダ) 逃げる

プデチゲ (부대찌게)

みるく初めてプデチゲを食べる。

ふーん、もうラーメン入れるんだ？

日本だと、鍋の締めに麺を食べるんだけど…

バキバキ

미루쿠는 처음으로 부대찌개를 먹는다.

흐음, 벌써 라면을 넣는구나.

일본에서는 다 먹고 마지막에 넣는데….

(뽀깃뽀깃)

鍋の最後に麺を食べるのっておいしいよね！うまいダシが染み込んでるかんじがして…

はい、できたよ。

わくわく

いただきまーす

마지막에 면을 먹는 것은 정말 맛있지! 맛있는 국물이 스며들어 있는 느낌이…

자, 다 됐다.

(두근두근)

잘 먹겠습니다~

あっ、ラーメンがない！

ずるずる

ずるずる

앗, 라면이 없어!

(후루룩 후루룩)

(후루룩 후루룩)

「プデチゲ」とは、チゲの中にハムやソーセージ、野菜、餅、ラーメンを入れたもの！私が好きな韓国料理のひとつであります。＾＾/

プデチゲは昔、韓国と北朝鮮が戦争をしていた頃生まれた料理だそうです。当時アメリカの軍隊もこの戦争に参戦していました。その頃、韓国の経済事情は悪く人々は食べるものがなかったため、人々はアメリカ軍から食料をもらったりして飢えをしのいでいました。その中にあったのが、ハムやソーセージでした。それをいつも食べているキムチチゲに入れて食べたのが、プデチゲの始まりだったとか。いろんなものが入っていて、ジャンクな感じがしますが、不思議と旨いダシが出て美味しいです！

しかし、初めてプデチゲを食べたとき、鍋の中にインスタントのラーメンを入れるのに、びっくりしました。しかも、食べ始める前入れることに、またびっくり！そして、みんながラーメンから食べるのにまたまたびっくり！しました。国が違うと食べ方も違うものなのね〜と思った瞬間でした。

単語もちょっ…と…

- 처음（チョウム）初めて
- 넣다（ノッタ）入れる
- 맛있다（マシッタ）おいしい
- 벌써（ポルソ）もう
- 마지막（マジマク）最後
- 라면（ラミョン）ラーメン

잘 먹겠습니다〜
チャル モッケスムニダ
いただきまーす

コグマケーキ (고구마 케이크)

みるく、コグマケーキ買ってきたぞ。
미루쿠, 고구마 케이크 사왔어.

こぐま?
고구마?

こぐまとは日本語で子供の熊のことである。
고구마란 일본어로 새끼곰을 말한다.

コグマ… 韓国は犬を食べるからこぐまを食べたっておかしくないのかも?
한국은 개도 먹으니까, 새끼곰을 먹어도 이상하지는 않을지도 모르겠네.

突然、襲いかかってくるかもしれない… どきどき
갑자기 덤빌지도 몰라…(두근두근)

なんだよ?
뭐하는 거야?

あっ…黄色い。
앗…노란색

でも、切ったら血が出たりして… ずるっ
그래도 자르면 피가 나온다거나…(쓰윽)

熊の肉は黄色いのかな?
곰고기가 노란색이었나?

甘い…おいしい
달다… 맛있어.

みるくは、犬はダメだが、熊は食べられるぞ!
미루쿠, 개는 안되지만 곰은 먹을 수 있어.

えっ?
엣?

第２期 とぅる

　クリスマスにケーキを買おうと思って、お店のお薦めケーキを聞いたら「コグマケーキ」を薦められました。「コグマ」という言葉を知らなかったので、「コグマとはなんぞや？」名前にびっくりしてどんなケーキなのか食べるまで想像が出来なかったです〜。^_^;
　「コグマ」とはサツマイモのことです。ケーキはサツマイモがぎっしりつまって、スイートポテトのケーキのような感じです。
　私には小熊を連想させる、ネーミングがとても可愛いケーキです。また、「クンコグマ」(焼き芋)や(日本といっしょですね！)、「コグマピザ」なんてピザもあります。チーズやトマトの味とコグマが絶妙なハーモニーをかもし出している味のピザです。是非韓国にきたら「コグマ」を食べよう！

単語もちょっ…と…

곰 (コム) 熊
이상하다 (イサンハダ) おかしい
자르다 (チャルダ) 切る

개 (ケ) 犬
노랗다 (ノラッタ) 黄色い
안된다 (アンデンダ) ダメだ

달다…
タルダ…
甘い…

女性の呼び方 (여자의 호칭)

아줌마~

1컷:
うわ～
なんだよ！無視かよ！
ばたばた

우와~ 뭐야! 무시하는거야!
(파닥파닥)

2컷:
おばさん！
ばたばた

아줌마!

3컷:
おばさん！ご飯三つ。

아줌마! (파닥파닥) 밥 세 개.

4컷:
みるく～「イモ」って呼んでみなよ！
イモ～
イモ？

미루쿠~ 「이모」라고 불러봐!

5컷:
ババァメシもってこい！

아줌씨 밥 가져와!

6컷:
大人げないね…

어른스럽지 못하게…

7컷:
「おばさん」だと聞こえない振りするんかい！

「아줌마」라고 해서 못 들은 척 한거냐!

8컷:
ご飯三つ下さい。
はーい♪

밥 세개 주세요!
네~에♪

第 2 期 とぅる

　飲食店で、「おばさん」と呼ぶのは「おじさん」以上に抵抗があります。やっぱり、女性に対しておばさんというのはちょっと失礼な感じがしませんか？（自分がそう呼ばれるとショックだからかな？　私だったら、絶対に振り返らない！）かといって、どう見てもおばさんに見えるのに「お嬢さん」「おねえさん」を使うのも…？　気づいてもらえないと困るし…難しいですね〜。

　ある日、飲食店に行ったとき「アジュンマ」と友達が呼んだら、誰も注文をとりに来てくれなかったことがありました。そして「イモ」と呼んだら、店員が来てくれました。たまたまかもしれませんけどね！

　「イモ」は、本来は自分の母親の姉妹をさす呼称ですが、親しい人に対して使う言葉のニュアンスがあるようです。

　ということで、これからみるく的には「イモ」を使おうと思います！

単語もちょっ…と…

밥（パブ）ご飯
무시（ムシ）無視
듣다（トゥッタ）聞く

세 개（セ ゲ）三つ
어른（オルン）大人
〜척（〜チョク）振り

무시하는거야!
ムシハヌンゴヤ！
無視かよ！

過食 (과식)

食欲がトマラナイ…

ぐびぐび　　　　　もぐもぐ

(꿀꺽꿀꺽)　　　　(우걱우걱)

ほふほふ　　あっ、カレーもね！　　ラーメンだ。

(후~후~)　　앗! 카레도 있네!　　라면이다.

だれだ？　　ただいま～　どてどて　　あー食った食った！　ぽよーん

…누구야?　　　　(뒤뚱뒤뚱)　　　아~ 자~ 알 먹었다!
　　　　　　　　나 왔어~　　　　(뛰용~)

第2期 とぅる

海外旅行にいくと、自分の国にはない珍しい美味しそうなものが沢山あって、ついつい、あれもこれもと色々なものを食べ過ぎて、太って帰ってくるってことありませんか？

私は、韓国に来てからずいぶん経つのに、なかなかその食べ癖がおさまりません。旅行モードのトップギアが入りっぱなしです。「ダイエット」ってなに？というぐらい無縁の生活をしています。ですから、当然韓国に来た当初は、食べたことの無いものは全部食べなきゃ！ってキャッチフレーズを掲げて、あらゆるものを食べていました。

韓国料理の知識が増すと共に、私のウエイトも日に日に増していきました。

ところが、ある日ふと気がつくと、こんなに食べているのに、体重が現状維持を保っていることに気がつきました。よく一般的に韓国女性が痩せているといわれていますが、やはり食べ物に何か秘密があるのかもしれません。唐辛子のカプサイシンなのか？キムチなのか？それともにんにく？まだ、この結論は私の中で見つけていないので、今後もあらゆる韓国料理を食べ続けようと思います！！

単語もちょっ…と…

과식(クァシク) 過食　　카레(カレ) カレー
잘~ 먹었다(チャルモゴッタ) 食った食った
나 왔어/다녀왔습니다(ナ ワッソ/タニョワッスムニダ) ただいま

나 왔어~
ナ ワッソ~
ただいま

おなじでも
となりの
じゃじゃみょん
よくみえる

じゃじゃみょん

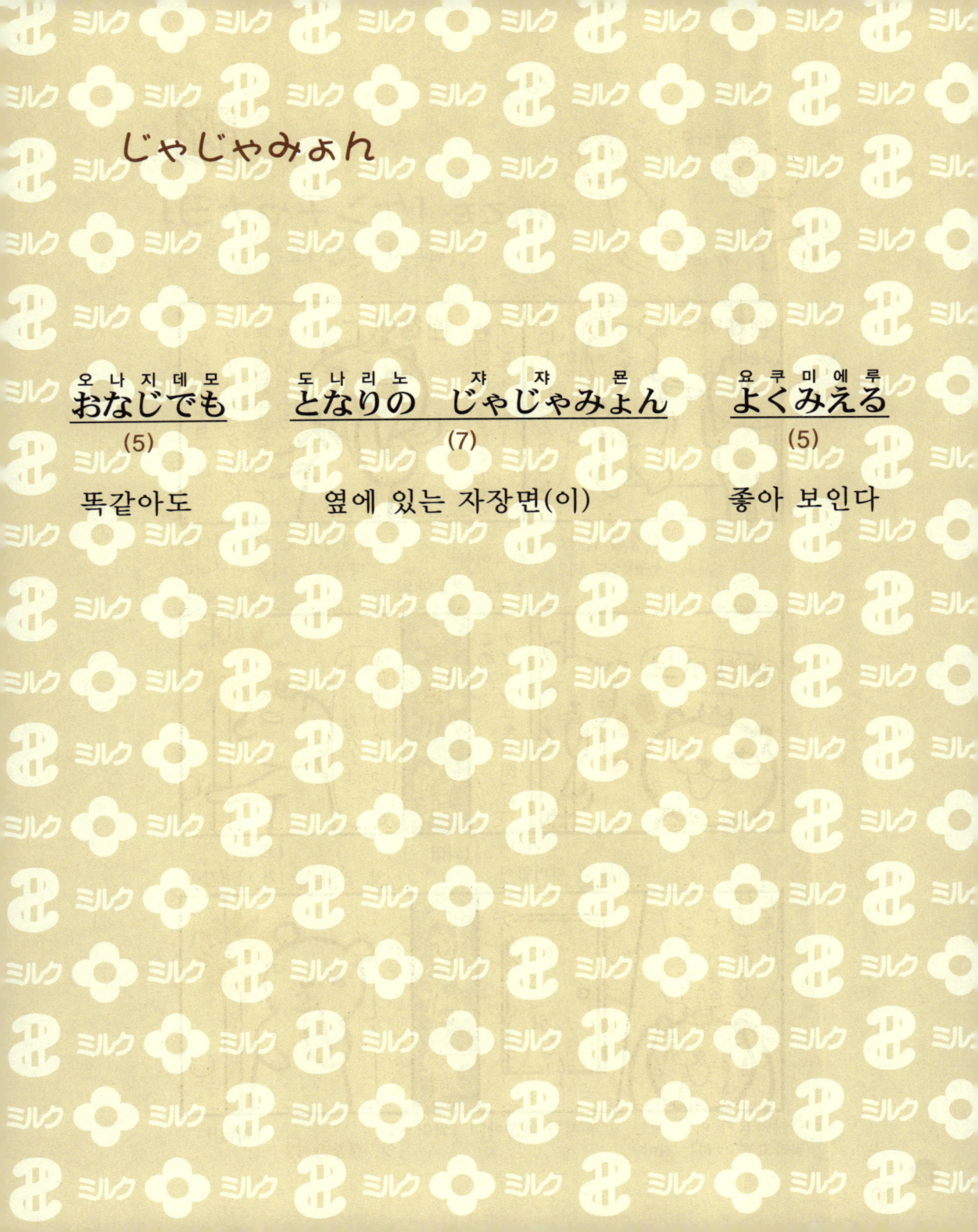

오나지데모
おなじでも
(5)
똑같아도

도나리노 쟈 쟈 몬
となりの じゃじゃみょん
(7)
옆에 있는 자장면(이)

요쿠미에루
よくみえる
(5)
좋아 보인다

なんでも「ケンチャナヨ」
(뭐든지 '괜찮아요')

「ケンチャナヨ」はカムサハムニダの次に覚えた韓国語といってもいいだろう。

「괜찮아요」는, 감사합니다 다음으로 외운 한국어라 해도 좋다.

韓国語ができなくてもケンチャナヨ〜

한국어를 못해도 괜찮아요〜

先にトイレに入ってもいいか？

화장실 먼저 들어가도 돼?

ごめん…ティッシュ全部使った。

미안… 휴지를 다 써버렸어.

あっ、なんだよ。先に入りやがって…

앗, 먼저 들어가 버렸잖아.

ケンチャナヨじゃない場合は何て言うんだぁ〜！

괜찮아요가 아닐 때는 뭐라고 해야 하는 거야?

ティッシュがない！

휴지가 없잖아!!

あっ、いいのかな？

앗, 괜찮을까?

괜찮아요

韓国から日本へ向かう飛行機に乗っていたとき、事件が起こりました。韓国の会社の飛行機だったので韓国人の客室乗務員が多数常駐していました。食事の時間になり、韓国語を覚えたての私は、対応は韓国語でしようと！胸をわくわくさせていました。そのときです！食事を運ぶ手元が狂った客室乗務員が、私に頭からビールをぶっ掛けたのです！

そして、私は思わず「ケンチャナヨ…o(;-_-;)o」
全然、ケンチャナヨじゃないのに！！！！
韓国語ビギナーの私はクレームをつける言葉を知らず、ついつい知っている数少ない韓国語の言葉の中の一つである「ケンチャナヨ」を使ってしまったのです。(*/ロ*)
まぁ、「カムサハムニダ」よりはいいかな？＾＾;;

괜찮을까?
ケンチャヌルカ?
いいのかな？

単語もちょっ…と…

다음으로 (タウムロ) 次に　　외우다 (ウェウダ) 覚える
먼저 (モンジョ) 先に　　화장실 (ファジャンシル) トイレ
전부 (チョンブ) 全部　　경우 (キョンウ) 場合

あいまいな「ケンチャナヨ」

(애매한 '괜찮아요')

괜찮아요?

「ケンチャナヨ」は便利な言葉であるがその使い方が時としてみるくには理解不能な時がある。

그 「ケンチャナヨ」はどういう意味ですか？

う〜む

昨日合コンしたんだ。

女の子どうだった？

「괜찮아요」는 편리한 말이지만 어쩔 때에는 그 사용법을 이해할 수 없을 때가 있다.

응〜 그 「괜찮아요」는 어떤 의미일까？

어제 미팅했어.

여자애 어땠어？

お待たせしました。

맛있다!!

みるく！ご飯食べに行くぞ〜

「ケンチャナ」なんだ？

「ケンチャナ」の女って

괜찮아

오래 기다리셨습니다.

미루쿠！ 밥먹으러 가자〜

「괜찮아요」 한 여자는 뭐지？

「ケンチャンネ」って何なんだ！良いのか悪いのかどっちなんだ！

ご飯もうまかったしお店の女の子もケンチャンネ〜

괜찮네〜

ごちそうさま〜

「괜찮아요」가 뭐야！ 좋은거야 나쁜거야 어느쪽이야！

밥도 맛있었고, 알바도 괜찮네〜

잘 먹었다〜

日本人はとかく曖昧な人種だと言われます。はっきり物事言わないことを美徳と考えたり、相手に対して本当のことをいうのが悪いと思って遠慮することがありますよね。

解り易く言うと、仲のよい男友達がいたとします。その人の彼女を見たとき、とってもブサイクだったのですが、その男友達の前では「彼女、可愛いね」と心にもないことをいってしまうことってありませんか？

韓国の人ははっきりと意思を伝える人が多そうなので、そういうことはないのかな？と思っていたのですが、友達が異性の顔を見て、どんな人にも「大丈夫ね」ということが多く、それが、ものすごく良いときも、悪いが我慢できるレベルのときにも使っていました。

それぞれ、話し口調のトーンが違うのですが、ダメとも良いとも言わず、「大丈夫」という言葉なのです。韓国でも、はっきり言わないことはあるんですね。＾＾

単語もちょっ…と…

편리（ピョンリ）便利　　가게（カゲ）お店

잘 먹었습니다（チャル モゴッスムニダ）ごちそうさま

좋다（チョッタ）いい　　나쁘다（ナプダ）悪い

미팅했어
ミティン ヘッソ
合コンしたんだ

オッパー使いたい
(오빠~ 해보고 싶어)

오빠~!!
オッパーじゃないよ

どう見ても先輩と後輩
아무리 봐도 선배와 후배

どう見ても兄弟
빨리와라
아무리 봐도 남매

どう見ても恋人同士
아무리 봐도 연인사이

オッパーってなんだ？男に使う呼び方なのか？いぬうたもオッパーか？
오빠가 뭐지? 남자한테 쓰는 호칭인가? 이누우타도 오빠인건가?

どう見ても芸能人
아무리 봐도 연예인

コロス…
죽어~

아줌마~ ♥
それはみるくがいぬうたより年上だからさ！
그건 미루쿠가 이누우타보다 나이가 많기 때문이야.

えっ？
엣!!

いぬうたはみるくのオッパーじゃないよ。
이누우타는 미루쿠의 오빠가 아니야.

第2期 とぅるる 77

日本では「冬のソナタ」のドラマの影響で、ペ・ヨンジュン氏が大変人気がありますが、日本のペ・ヨンジュン氏より歳上のおばさま達が、どこで覚えたのかペ・ヨンジュン氏に向かって「オッパー、オッパー」と呼んでいました。…＾＾ﾞ
それを見た韓国の友達が笑っていました。「オッパー」は自分より年上の男に対して使う言葉だからです。
ちなみに、私は「オッパー」を使ったことがありません。T^T なぜならば、私より年上で、親しい男性がいないから…。いつか「オッパー」を使ってみたい！だれか私のオッパーになってくれ〜！と思う毎日です。

単語もちょっ…と…

연인（ヨニン）恋人　　형제（ヒョンジェ）兄弟
선배（ソンベ）先輩　　연예인（ヨンエイン）芸能人
남자（ナムジャ）男　　연상（ヨンサン）年上

오빠가 아니야
オッパーガ アニヤ
オッパーじゃないよ

いぬうた先生
(이누우타 선생님)

Panel 1:
오…오…오려오요… 한국어는 오려오요…
イライラ
眠いのにうるさいな〜 しかも間違ってるし。
みるくは韓国語を勉強中

オ…オ…オリョオヨ…
ハングゴヌンオリョオヨ
졸린데 시끄러~ 게다가 틀렸구~
(안절부절)
미루쿠는 한국어 공부중

Panel 2:
도오요 じゃなくて、더워요！
오려오요 じゃなくて、어려워요！
시그러오 じゃなくて、시끄러워！
がばっ！

'トオヨ'가 아니라 'トゥウォヨ'！
'シグロオ'가 아니라 'シクロウォ'！ 
'オリョオヨ'가 아니라 'オリョウォヨ'！
(벌떡!)

Panel 3:
ん？
寝てんじゃねーよ！
すー
間違った発音を何度もするな！

응？
어디서 자구 있어！
(쿨〜)
틀린 발음으로 계속 하지마！

語学の先生というのは、想像以上に大変な職業だと最近気が付きました。私自身、韓国の友達から日本語についての質問をされることがありますが、自分でもよく使う言葉なのに、その言葉を別の言葉でうまく説明することができなかったり、また、漢字が読めなかったり。-_-;; 私も日本語の勉強をしなければならないようです。
　また、語学院に通い始めて特にそう思うのですが、私も含めて外国人特有の発音や、でたらめな文法の韓国語で質問しても、先生は何を言ったのか理解してくれるのです！すごいですね。
　私も自分で話していながら通じているのか自信がありませんから!!その証拠に飲食店等では、韓国語で話しているつもりなのに、言葉が通じなかったり、わからなくて、友達をイライラさせたり。-_-
　広い知識と、よく聞く耳と、おおらかな心が無ければ先生は務まらないようですね。そうだとすると、私には無理っぽい？？

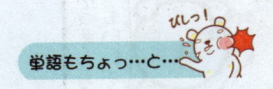

한국어（ハングゴ）韓国語　　공부（コンブ）勉強

졸리다（チョルリダ）眠い　　틀리다（トゥルリダ）間違う

〜가 아니라（ガ アニラ）〜じゃなく　　발음（パルム）発音

시끄러〜
シクロ〜
うるさいな〜

いぬうたオールドストーリー1

(이누우타 Old Story1)

いぬうたは、とてもお金持ちの家に生まれました。

すやすや

이누우타는 왕갑부 집에서 태어났습니다.
(새근새근)

幼い頃から、欲しいものは何でも手に入り、何不自由ない生活をしていました。

ゆうえんち買って！
はい ぼっちゃま

유원지 사줘!
네, 도련님.

어릴 적부터 갖고 싶었던 것은 뭐든지 손에 넣고, 뭐 하나 부족함 없는 생활을 하고 있었습니다.

ははは―！
くーん…
きゃいーん
どけ！
プップー

しかしお金持ちのゆえ、それをねたむ者達からいじめられるようになりました。

하하하
(끄~응)
(꺄이~잉)
비켜!
(울컥)

하지만 그것을 질투하는 자들로부터 괴롭힘을 당했답니다.

つづく

しかし、いぬうたはそんなことで怯むような中途半端なお金持ちではありませんでした。

いかねーよ！
どがっ！

うちのゆうえんちであそんでもいいぞ。

하지만, 그런 일로 기죽을 허접할 이누우타가 아니었습니다. (계속)

안 가!
(뻥!)

우리 놀이동산에서 놀아도 돼.

第２期 とぅる 81

　いぬうた氏が、子供の頃お金持ちだったという思い出を元に？お話を作ってみました。＾＾
　韓国では、親が子供の将来のことを考えて養育費にたくさんのお金を使うと聞きますが、いぬうた氏も子供の頃、学習塾はもちろん、テコンドー、ピアノ、絵画、習字、コンピュータ、スケート、スイミングなども習っていたそうです。（どの分野が今、役に立っているのか不明ですが…＾＾;）
　習い事や、勉強の時間で睡眠が毎日２時間ぐらいだったなんてことも多かったそうです。
　今も、私の周りの韓国の知り合いの間にも、大学卒業後に、海外留学する人も多いです。
　私は、どちらかというとはやくお金を稼ぎたいと思う考えが強いほうですが、（勉強が嫌いなだけ！？）そんな彼らを見ているとうらやましくも思います。

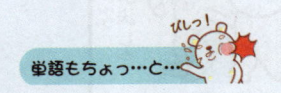

単語もちょっ…と…

갖고 싶다（カッコ シプタ）ほしい　　생활（センファル）生活
질투（チルトゥ）嫉妬　　　　　　　　괴롭히다（ケロピダ）いじめる
놀이동산（ノリドンサン）遊園地　　　놀다（ノルダ）遊ぶ

비켜！
ピキョ！
どけ！

いぬうたオールドストーリー２
(이누우타 Old Story2)

ゆうえんちにジェットコースターかった。
いぬうた新しいのかった。♪〜
いじめられてもやっぱりいぬうたはお金持ち。
はい！おこづかい。

유원지에 제트코스터도 샀다.
이누우타 새 거 샀다.
자! 용돈이다.
왕따를 당해도 역시 이누우타는 왕갑부

えーん！ にやっ わーん！
これで…

(씨익)
이걸로…

앵〜 으앙〜

こうしていぬうたは、何不自由なく過ごしました。
さあ いくぞ！ うわーん！
いじめを解決した。

이렇게 해서 이누우타는 아무 부족함 없이 보냈습니다.
자아〜 가자! (으앙〜)
왕따 해결했다.

子供の頃、両親が働いていて、お金だけ渡されていつも一人ぼっちで夕飯を買って食べている友達がいました。子供ながらにかわいそうだなぁと思いつつも、ちょっと格好いいなと思っていました。
そういう子を「鍵っ子」と呼んでいました。いつも家のカギを持っているので。
　そのうち、私の両親も働くようになって、お母さんに「働きに行かないで～」と泣き叫んだ思い出があります。でも、私のあがきもむなしく、母は会社に行くようになりましたけどね！こうして私もあこがれの「鍵っ子」になったのでした。

単語もちょっ…と…

용돈（ヨントン）おこづかい　　새롭다（セロプタ）新しい
제트코스터（ゼトゥコスト）ジェットコースター
해결（ヘーギョル）解決　　보내다（ポネダ）暮らす

자아, 가자!
チャ～カジャ！
さあ、行くぞ！

焼肉奉行 (고기굽기 수행원)

あーん

いぬうたは肉の焼き方にこだわりがある。

もたもた

ふん！

이누우타는 고기 굽는 방법에 고집이 있다.

(우물쭈물)

흥!

ちんたら一枚ずつ焼くな！

えっしっ！

ざざーっ

꾸물꾸물 하나씩 굽지마!

챠아악

에잇!

きのこのかさに水が男のスタミナに効くんだ！

ひっくり返すな！

…みるくは、きのこでも焼いていよーっと

버섯에 고인 물이 남자 정력에 좋단 말야!

뒤집지마!

…미루쿠는 버섯이라도 구워야지.

第２期 とぅる

　韓国では一人でご飯を食べるより、複数で食事をすることが多く、一人で食事をするのが嫌だと思う人が多いようです。たしかに、日本より、食堂等で一人で食事をしている人は少ないです。それに韓国の料理は一人で食べるより、大勢で食べたほうが美味しいものが多いですよね。焼肉や、鍋料理などの注文は２人分以上が基本のところも多いです。
　私も日本にいるときは一人で食事をすることが多かったのですが、韓国に来てからみんなで食事をするようになって、それに慣れたら一人で食事をするのがちょっと寂しくなりました。

単語もちょっ…と…

불고기（プルコギ）焼肉　　고집（コジプ）こだわり
한 장（ハン ジャン）一枚　버섯（ポーソッ）きのこ
뒤집다（ティジプタ）返す　～에 좋다（～エ チョッタ）～に効く

뒤집지마!
ティジプジマ！
ひっくり返すな！

みるくの逆襲

(미루쿠의 역습)

いぬうたは焼肉の時、うるさいが、一つ弱点がある。

ひひっ!

이누우타는 고기 구울 때 까다롭지만, 약점이 하나 있다.

みるくいただきーっと。

あっ!

앗!

미루쿠, 먹어야지~

もう少し焼いたほうがいいんじゃない?

좀 더 굽는 게 낫지 않아?

あーん

もぐもぐ

(아앙~)

(우물우물)

はぐはぐ

(아구아구)

みるくはこのぐらいがいいの!

肉を十分に焼かないと食べられないいぬうた

最後の一枚

안돼!!!

ダメ!

마지막 한 개

고기를 충분히 굽지 않으면 먹지 못하는 이누우타

미루쿠는 이 정도가 딱 좋아!

第2期 とぅる

　日本の友達から、「毎日美味しい焼肉食べられていいな～」なんてたまに言われますが、韓国に住んでいるからといって、毎日焼肉を食べているわけではありません！特に牛肉の焼肉なんて、日本からお客さんが来たときぐらいしか食べていませんよ。
　やはり、こちらで焼肉といったら、豚の焼肉「サムギョプサル」を食べることが多いですね！豚の三枚肉の焼肉ですが、脂身の層が厚いので脂っぽい感じがしますが、カリカリに焼いて食べると全く気にならないし、キムチも焼いて、サンチュに巻いて味噌をつけて食べると、とっても美味しいのです！最近、一人前1500wonなんていう激安のサムギョプサルのお店もあります！
　牛カルビはもちろん美味しいですが、庶民の味を知るには、やっぱりサムギョプサルですね！

単語もちょっ…と…

까다롭다（カダロプタ）うるさい
굽다（クプタ）焼く
충분히（チュンブニ）十分に

좀 더（チョム ド）もう少し
이 정도（イ チョンド）このぐらい
마지막（マジマㇰ）最後

안돼!
アンデ!
ダメ！

みるくのダイエット・プログラム2

みるくの引き締めエクササイズ

お腹のゼイ肉を取るには腹筋運動がいい…みんなそう思ってるけど、それだけじゃお腹の脂肪はなくなりません。運動をすると身体全体に貯えられた脂肪が分解されるのであって、特定の部分だけの脂肪を取ることは出来ないのです。でも、腹筋運動を一生懸命やればお腹の筋肉が強化されて、たるみのないハリのある身体になります。ただし、**ゼイ肉を取るためには、腹筋と一緒に歩いたり走ったりの有酸素運動を続けて**やらなきゃだめですよ。

みるく式有酸素運動

お尻で歩こう。
便秘予防にもいいよ。

身体が柔らかくなる、後ろでんぐり返し。平衡感覚も〜

本格引き締めエクササイズ

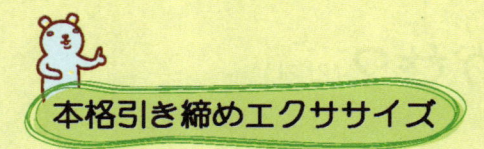

いち お腹よひっこめ！腹筋運動100回

に 引き締まった二の腕に。腕立て伏せ30回

さん 形のいいお尻をめざして。ヒップアップ

よん きれいなバストのために。バストアップ

かぜ？(감기)

ちーん

ちがう。いらない。	いぬうたカゼか？ほれほれ、ティッシュ。	ちーん	ちーん

아니야, 필요없어. / 이누우타 감기야? 자자~ 티슈. / (킁) / (크응~)

ちがう。いぬうた仲間呼んだ。 えっ？	鼻がピーピーなってるぞ ぴぃ～ぴぃ～	具合が悪いのか？	いぬうたねる。

아니야, 이누우타 동료를 불렀어. 엣? / 코가 삐~삐~ 거리고 있어. / 몸이 안 좋은거야? (삐~삐~) / 이누우타 잘거야.

だっ誰だ？ ぬっ		トントン 誰かきた…

누, 누구야? (웃) / (똑똑) 누가 왔네…

第２期 とぅる

　おかげさまで、今まで私は韓国にきて大きな病気をしたことがないので、病院のお世話になったことがないのです。よく食べてよく寝てるから？でも、ちょっと風邪を引いたときは薬局で薬を買うことが多いです。
　薬局で思ったことがありますが、韓国の薬剤師さんは日本より風邪の症状に合わせて薬を必要な分だけ処方してくれるようです。そう、この必要な分だけ！ってのがポイント！処方した薬で症状が治るであろう３日分を処方してくれたり、ちょっと頭が痛いですといえば、一錠だけで売ってくれることもあります。一錠だけなら1000wonぐらいですよね！だから薬代が安いのです。
　韓国の知人が日本の薬局で買う薬の高さに驚いていました。薬自体も高いのかもしれませんが、箱売りなので薬が高くついてしまいますよね！

単語もちょっ…と…

감기（カムギ）風邪　　자다（チャダ）寝る
몸이 안 좋다（モミ アン チョッタ）具合が悪い
코（コ）鼻　　부르다（プルダ）呼ぶ

필요없어
ピリヨオっソ
いらない

スキンシップ (스킨쉽)

おっ！勝手に家の中へ…
ぴたぴた
앗! 멋대로 집안에… (쫄레쫄레)

！
いぬうたとそっくりだ！
이누우타랑 **붕어빵**이네!

ん？
응?

むくっ
冷蔵庫を物色している…
(벌떡)
냉장고를 뒤지고 있어….

かぱっ
(덜컥)

ぺこり
いぬうたのおとうとだ。
이누우타의 동생이야.
(발그레~)

すりすり
(부비부비)

すりすり
(부비부비)

第2期 とうる

　韓国では、男性同士も女性同様、肩を組んだり、手をつないでいる人をみかけます。（お酒をのんで酔っ払っている場合も多いかもしれないけど！）手をつないで歩いている男性を見たときには、へんな想像をしてしまいます。
　もちろん、日本の男性だって、友達と肩を組むことはあるかもしれませんが、韓国の男性同士のスキンシップとは、何かが違うような？（私だけがそうみえるのかしら？）
　私は体験したわけではないので、よくわかりませんが、韓国人男性は兵役での軍隊生活などあり、規律のある集団生活をすることが人生の中で色々と大きな意味を持っていると思います。そういった体験から、お互いの結束力みたいなものを生んだり、人と人のつながりが太いように感じるのですが、どうでしょうか？

単語もちょっ…と…

멋대로（モッテロ）勝手に
냉장고（ネンジャンゴ）冷蔵庫
남동생（ナムドンセン）弟

～랑（～ラン）～と
뒤지다（ティジダ）あさる

붕어빵이네!
プンオパンイネ！
そっくりだ！

かわいい おとうと

(귀여운 동생)

まってー

いぬうたのおとうととは「いぬおと」という。

기다려~ 이누우타의 동생은, '이누오토'라고 한다.

いぬおと～
いぬおと～

이누오토~
이누오토~

ぺたぺた

いぬおと～
いぬおと～

(끈적끈적) 이누오토~
이누오토~

ふふっ

いぬおとはゲームがすきだ。

(후훗) 이누오토는 게임을 좋아한다.

みるくを前に出すな！

미루쿠 앞세우지마!

…コロス

…죽어~

第２期 とぅる

韓国では、本当の兄弟でなくても年上の親しい人に対して、「兄さん」とか「姉さん」と呼ぶのですが、なんだかその関係がすごく親近感があるように感じて良いです。
でもそれを知らなかったとき、「あら、みんな兄弟が多いのね～」と思っていました。
今回登場したいぬおと氏はいぬうた氏の弟ですが、本当に仲がいいです。初めてみたとき、本当に頬をすりすりしてました！いぬおと氏は少し嫌がっている感じもしましたが… 彼らに限らず、回りの友達兄弟も本当に仲がいいのでなんだかうらやましいです。

기다려～
キダリョ～
まってー

坐願もちょっ…と…

동생（トンセン）弟／妹
게임（ケイム）ゲーム
내놓다（ネノッタ）出す

기다리다（キダリダ）待つ
앞（アプ）前
～하지마（ハジマ）～な

ゆきあそび (눈장난)

ごろごろ

ゆきだ…
あっ…

눈이다…. 앗…

ぎゃあ～!!
ひょいっ
ころころ

으악～!! 웃차! (데굴데굴)

……
えーん 大きな雪が降ってきてこわかったよう～
かちゃっ
ふふっ

우엥～ 큰 눈이 내려서 무서웠어～ (짤칵) (후훗)

第2期 とぅる

　私が住んでいるソウルは、冬はものすごく寒いですが、その割には、日本より雪が降らないです。でも、ある冬韓国に100年ぶりの大雪が降ったときがありました。
　その日私は、日本の成田空港から、韓国の仁川空港に向かう飛行機に乗っていました。仁川空港に近づくにつれ、悪天候のため飛行機が長時間大きく揺れて、乗り物酔いの激しい私は、もう吐く寸前！嫌な冷や汗も流れてきました。
　結局飛行機は、仁川空港に降りられず、迂回して韓国の南の島「済州島」に不時着したのでした！
　乗客全員が安堵とともに歓声と拍手が沸き起こりました。済州島で一泊した後、翌日仁川空港に着いたら、あたりは一面の銀世界。新聞には「100年ぶりの大雪」の文字が躍っていました。こんな恐怖体験は一度だけですが、この体験からちょっと飛行機恐怖症になりました。

무서웠어～
ムソウォッソ～
こわかったよ～

単語もちょっ…と…

눈（ヌン）雪
큰（クン）大きな
내려와서（ネリョワソ）降ってきて

장난（チャンナン）遊び
내리다（ネリダ）降る
무섭다（ムソプダ）怖い

なんでもよく食べる

(뭐든지 잘 먹어)

みるく！今日は屋台で食べよう。

くんくん

（킁킁）

スンデだよ。豚の腸に血と春雨とか入れて蒸したものだよ。

순대야. 돼지 창자에 피하고 당면같은 걸 넣어서 익힌거야.

なにこれ!?
ビニールの中でトグロ巻いてるぅ〜

뭐야 이건!?
비닐 속에서 똬리를 틀고 있어〜

うわっ!?
こりゃまた、キモイっ

（우왓!?）
이것도 또 징그러!

ポンテギだよ。蚕のサナギの煮物だよ。

뻔데기야. 누에의 뻔데기지.

…見た目は怖いけどヘルシーでおいしいね。
ぱくっ

…겉보기엔 무섭지만 담백하고 맛있네.
（아〜암!)

なんだかんだいってもみるくはなんでも食べるんだから…
もぐもぐ

이러쿵저러쿵해도 미루쿠는 뭐든지 잘 먹는다니까.
（우물우물）

表面がプチっとして…香ばしさが、桜海老のような〜

씹었을 때 톡 터지구… 고소한 게 새우같은데〜

えいっ！

에잇!

第2期 とぅる

自分で言うのも何ですが、私は何でも食べます。^^;; というか、生きているうちに、色々珍しいもの食べてみたいじゃないですか？ 見たことない食材でも、ひょっとすると、とても美味しい発見があるかもしれないし？
韓国に来る前から、日本のメディアなどで「ポンテギ」というものがあることを知っていたので、はじめてみたとき「あ〜これのことか？」という印象で、見た目も噂どおりだったのでちょっとうれしくなりました。
でも、「スンデ」の知識は全く無かったので、ポンテギを見たときのインパクトより、スンデのほうが驚きました！ だって、長いまま蒸されている姿からは、全く味も食材も想像のつかない食べ物ですから！
でも、食べてみるとサッパリしていて、以外に普通？ そして、油ものの多い屋台の料理の中では一番お腹に優しい食べ物かな？ と思います。

징그러~
チングロ〜
キモイっ！

単語もちょっ…と…

비닐（ピニル）ビニール
피（ピ）血
새우（セウ）えび
감다（カムタ）巻く
겉보기（コッポギ）見た目
뭐든지（モトゥンジ）なんでも

あきうらら
みるくと
さんぽ
たのしいな ♡

미루쿠와
산책
즐거워라
가을 호젓하여

みるくさまのどたばた韓国体験記

第3期

せっ

- 好物はあとで…
- 女友達
- 携帯電話のマナー
- カキ氷の幸せな食べ方
- ケンカの形
- 誕生日パーティー
- 日本の韓国ブーム
- うそつき
- マナーには訳がある？1
- マナーには訳がある？2
- みるくが…お姉さん？
- くる
- ヘルスクラブ
- 映画の余韻
- ナクチファイティン！
- ホンオフェ
- 健康診断

好物はあとで…

(좋아하는 건 나중에…)

たまごおいしい。

みるくは、辛いものが好きだからビビン冷麺。

いぬうたは、さっぱりしたものが好きだからムル冷麺。

이누우타는 산뜻한 걸 좋아하니까 물냉면.

미루쿠는 매운 걸 좋아하니까 비빔냉면.

たまごは最後に食べようっと!

あれ? いぬうたたまご嫌いなの?

えっ?

계란은 마지막에 먹어야지~!

어? 이누우타 계란 싫어해?

엣?

ダメだよ、いぬうた! 好き嫌いしてると太るよ~

カチンカチン

カチン!

ぱくっ!

(빠칭!) (빠칭!) 이럼 안 돼, 이누우타! 음식을 가리면 살쪄~ (빠칭!) (아암~!)

韓国料理で卵料理といわれると、なさそうな感じがしますが、ビビンバの上に半熟卵が乗っていたり、冷麺にゆで卵があったり、「ケランマリ」という、玉子焼きみたいな料理があったりと、卵はよく食べられています。

しかも韓国では、なぜか白い殻の卵はほとんど見かけたことがなく、赤い殻の卵の方が一般的です。なんだか不思議？もちろん、いぬうた氏も卵が大好きで、しかも美味しいものは最後に食べるタイプです。

そんないぬうた氏がある日、「一口食べる？」と言ってゆで卵をくれたときがありました。私もちょっとだけ食べるつもりが、食べた瞬間、卵の黄身の部分が全部口の中に入ってしまって…。

悪いなぁと思いつつ、しょうがないから黄身の無くなった白身の部分だけを渡しました。
そしたら、ものすごく怒って…。-_-;;
食べ物の恨みは日韓共通ですね！＾＾;

単語もちょっ…と…

계란(ケラン) 卵　　　　맵다(メプタ) 辛い
산뜻한(サントゥタン) さっぱりした
살찌다(サルチダ) 太る

안돼～, 이누우타!
アンデ、いぬうた！
ダメだよ、いぬうた！

女友達 (여자친구)

韓国って女同士で手をつないでるよね？
そうだね。大人でも…

한국에서는 여자끼리 손잡고 다닌다, 그지?
그러게. 어른들두…

私たちも手をつないでみようか？
やだ～ はずかしいよ。
ブ・ロ・ロ・ロ・ロ～

우리도 손 잡아 볼까?
싫어~ 부끄러~
(부아아앙~)

うわっ! 何いきなり？ さっき恥ずかしいって言ったじゃん!
きゃっ!

우왓! 뭐야 갑자기? 아까 부끄럽다고 했잖아!
(꺄악!)

第３期 せっ

韓国で見かける見慣れない風景の一つに、女性同士が手をつないだり、腕を組んでいたりする姿があります。私も女の子から手をつながれたとき、ちょっとドキドキしました。^ ^;;

でも、韓国で生活するようになって、そんな風景にも慣れてくると私も手をつないで歩いてみたい！なんかそのほうが友達と親しくなれるような気がする！と思ってしまうので不思議です。それに、おばあちゃん同士が手をつないで歩いているのをみると、とても微笑ましいです！韓国語を勉強していたとき、例文に「女同士が手を〇〇」という〇〇の中に適当な言葉を入れる問題があったのですが、手をつなぐという感覚の無い私には、ここに何の文字を入れるのか全く解りませんでした！

単語もちょっ…と…

~끼리（キリ）同士
갑자기（カプチャギ）いきなり
부끄럽다（プクロプタ）恥ずかしい
어른（オルン）大人
아까（アカ）さっき
~잖아（ジャナ）~じゃん

뭐야 갑자기?
モヤ カッチャギ？
何いきなり？

携帯電話のマナー (핸드폰 매너)

韓国の地下鉄の中は携帯電話で通話をしている人が多い。

日本では、電車内での通話はマナー違反として、白い目で見られる。

일본에서는 전철안에서 전화를 하면 매너에 어긋난다 하여 따가운 시선을 받는다.

한국의 지하철에는 핸드폰으로 통화하는 사람이 많다.

みるくも地下鉄の中で電話してみよう。

プルルルル
どきどき

でも、電車の中で通話したことないから罪悪感…

やっぱりやめよう。
여보세요
ピッ!

역시 그만두자.
もしもし
(삑!)

하지만, 해 본 적이 없으니 왠지 죄책감이…
(뚜루루루루)

미루쿠도 지하철 안에서 전화해야지.
(두근두근)

ただいま〜
無言電話するな!

말없이 끊지마!　나 왔어〜

韓国では、地下鉄の車内で、携帯電話で大声で話している人が多くて驚きます。地下鉄の中でも電波が途切れないというのもすごいことかもしれませんが、「電車の中での通話は悪いことだ」と頭の中にインプットされている日本人の私にとっては、どうも地下鉄での電話は苦手です。
　なーんて、友達がいないから誰からも電話もかかってこないってのが本当のことですが。-_-;;;

単語もちょっ…と…

지하철（チハチョル）地下鉄
핸드폰（ヘンドゥポン）携帯電話
그만두다（クマンドゥダ）止める
전철（チョンチョル）電車
매너（メノ）マナー
여보세요（ヨボセヨ）もしもし

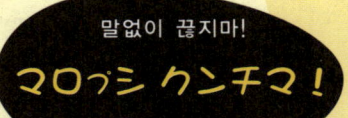

말없이 끊지마!
マロプシ クンチマ！
無言電話するな！

カキ氷の幸せな食べ方

(팥빙수 행복하게 먹는 법)

韓国のカキ氷はアイスやフルーツが沢山盛り付けられていて見た目がとてもきれいだ。

한국의 빙수는 얼음이랑 과일이 잔뜩 올려져 있어 정말 이쁘다.

いぬうたは、かき混ぜてから食べようとするが…

이누우타는 휘저어서 먹으려고 하지만…

あっ！

앗!

サッ！

(샥!)

あっ！

앗!

どうやっていぬうたからカキ氷を守ろうか…

어떻게 해야 이누우타한테서 빙수를 지키지…

うーん…

(음…)

みるく的には形を崩さず食べたい。

미루쿠식으로 모양을 흐트리지 않고 먹고 싶어.

いぬうたも幸せ

이누우타도 행복해.

あーん

아~

みるくも幸せ

미루쿠도 행복해.

みるくが食べさせてあげる。

미루쿠가 떠먹여 줄게.

韓国と日本の食べ方の違いは面白いと思うところがあります。韓国を代表するカキ氷なのですが、私はもちろん日本人はこの美しい盛り付けを崩さないように食べようと考えます。しかし、韓国人の食べ方でははじめに全部混ぜてしまいます。（もちろんそうじゃない人もいますが）そして、この食べ方は、食事のメニューのビビンバにも共通だと思います。

　日本は、牛丼や親子丼などのいわゆる「どんぶり」といわれる食事があります。ご飯の上に具が乗っているのはビビンバと一緒ですが、やはり日本ではカキ氷と同様に、はじめに混ぜたりせず、ご飯と上の具を載せて食べます。

　おなかに入ってしまえば、同じことなのでしょうが、国それぞれの食べ方があって面白いです。食べ方は人それぞれの好みですが、やはりその国の食べ方で食べたほうが美味しいような気がします。

単語もちょっ…と…

빙수（ピンス）かき氷　　　과일（クァイル）フルーツ

모양（モヤン）形　　　　지키다（チキダ）守る

어떻게 해야（オトケ ヘヤ）どうやって

행복해〜
ヘンボケ〜
しあわせ〜

けんかの形
(싸움의 형태)

韓国でみかける男女のケンカは、お互いが激しく言い合っているのをよく見かける。

미친겠다!!
우리 헤어져!!
すっ すっごい…迫力…

엄, 엄청난 박력…
한국에서 가끔 보는 남녀의 싸움은, 서로가 격렬하게 말다툼할 때가 많다.

みるくといぬうたの場合…
みるく！いぬうたのバナナ食べただろ！
あ…うぅう

미루쿠와 이누우타의 경우…
미루쿠! 이누우타 바나나 먹었지!
아…우우우

どこいく！
無視するな！
ごろん…
トコトコ

みるくは、ケンカに勝てないので不貞寝。みるくは、韓国語ではケンカに勝てないので不貞寝。

어디가!
(슬금슬금)
무시하지마!
미루쿠는 한국어로는 싸움에 이길 수 없기 때문에 심통이 나서 누워버림. (뒹굴…)

男女のケンカに限らず、韓国ではよくケンカしているのを見かけます。互いにすごい迫力で言い合いをしているのをみると、ちょっとびっくりしますが、色々な悪口の言葉が生で聞けて勉強になるので、面白いです。^^;;

　先日も家の近所で、女の子が大声で泣き叫んでいましたが、あまりのうるさに、近所の家の人が窓を開けて「うるさい!! 猫がないているのか!!」と厭味を大声で言ってケンカに参戦していました。それもなかなか面白かったです。「大声でけんかしたら、知らない人にも注目されて、恥ずかしくないの？」と友達に聞いたとき、頭にきて周りが見えないこともあるけど、大声で言いたいことを言って気分がスッキリするのだとか。他にも、自分も見られるけどケンカの相手も注目を浴びるので、相手をはずかしめるのが気分がいい！なんていう人も!! こんな人とケンカしたら恐ろしいですね！

単語もちょっ…と…

남녀（ナムニョ）男女
서로（ソロ）お互い
이기다（イギダ）勝つ
싸움（サウム）ケンカ
무시（ムシ）無視
어디（オディ）どこ

무시하지마!
ムシハジマ！
無視するな！

誕生日パーティー

(생일파티)

생일 축하합니다〜
생일 축하합니다〜♪

감사합니다

Happy birthday to you〜
Happy birthday to you〜♪

英語だよ。

えっ？日本は違うの？

誕生日の歌は韓国語で歌うんだね〜

Happy birthday to you~
Happy birthday to you~ ♪
영어야.

엣?
일본은 틀려?

생일 노래는 한국어로 부르는구나〜.

うれしいけど 二人の顔が怖い…

たんじょうび おめでとう〜♪
たんじょうび おめでとう〜♪

日本語で歌おうよ！

기쁘지만 두 사람 얼굴이 무서워…

생일 축하합니다 〜 ♪
생일 축하합니다 〜 ♪

일본어로 노래하자!

112

第３期　せっ　113

今年初めて韓国で誕生日を過ごしました。
会社の人達から、ケーキや、プレゼントを準備してもらい楽しく過ごしました。大人になってから、大勢の人に祝ってもらったことがないので、うれしいやらはずかしいやら…。
今年も私らしく過ごせればと思っています。
「誕生日の歌」ですが、漫画の通り韓国語で歌います。（メロディーは同じです）でも良く考えてみれば母国語で歌うことが当然のことなのですけどね。日本ではなぜか英語ですね。多分日本の子供がはじめて覚える英語の歌かも？しかもよく意味もわからずに…。私も今更ながら子供の時に「なんで、誕生日の歌は英語なの？難しいよ～」と思っていた記憶がふとよみがえりました。

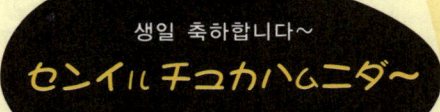

생일 축하합니다～
センイル チュカハムニダ～
お誕生日おめでとう～

単語もちょっ…と…

생일（センイル）誕生日　　노래（ノレ）歌

노래부르다（ノレブルダ）歌う　　다르다（タルダ）違う

영어（ヨンオ）英語　　얼굴（オルグル）顔

たんじょうび
けーきの
うえの
プチトマト

お誕生日パーティー

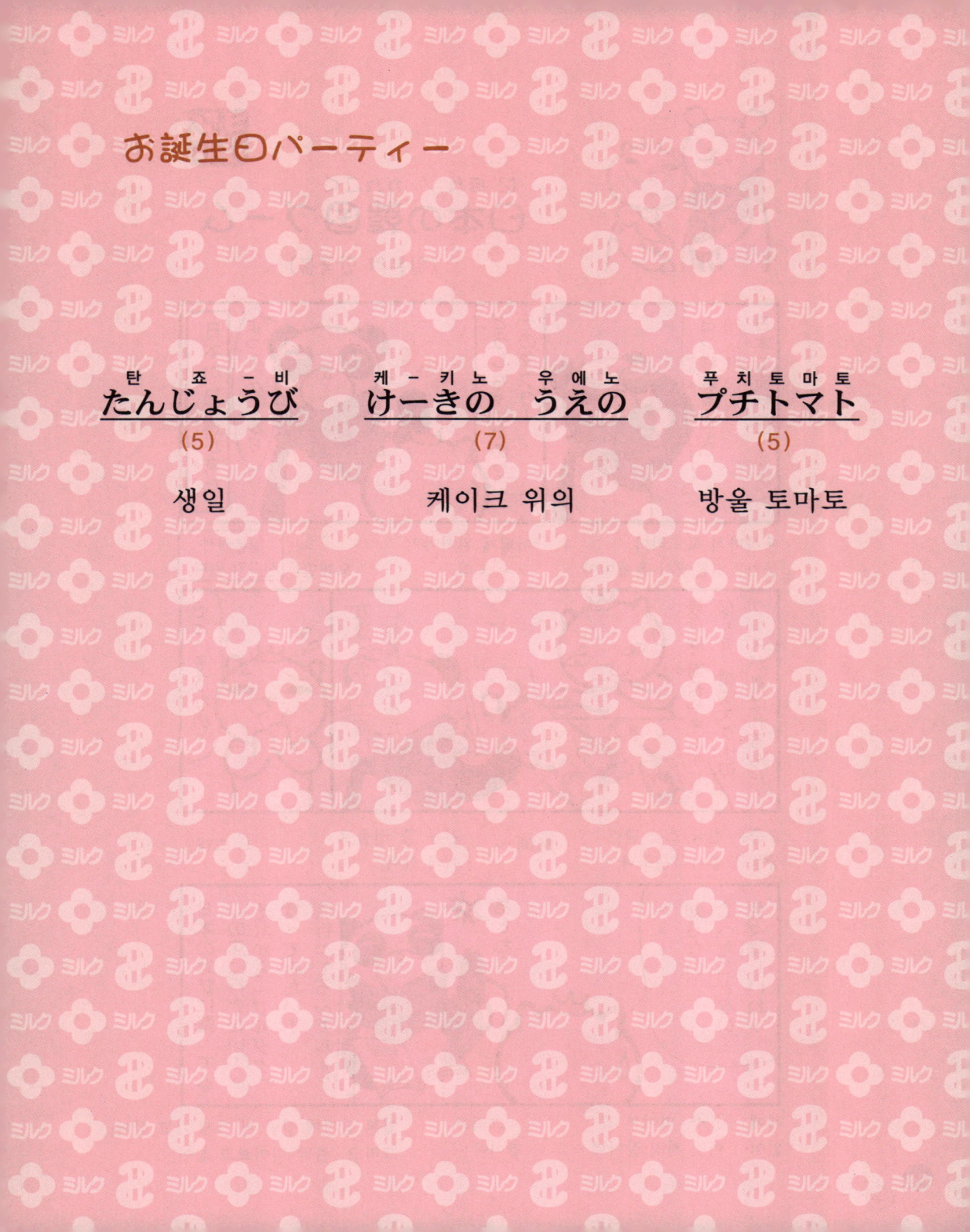

<ruby>たんじょうび<rt>탄죠ー비</rt></ruby>
(5)
생일

<ruby>けーきの うえの<rt>케ー키노 우에노</rt></ruby>
(7)
케이크 위의

<ruby>プチトマト<rt>푸치토마토</rt></ruby>
(5)
방울 토마토

日本の韓国ブーム
(일본의 한국붐)

にほん かんこく

パネル1:

日本から友達が来た。
よっ！久しぶり
どうしちゃったの？そのマフラー…
ヨン様巻きだよ。知らないの？日本で流行ってるよ。

일본에서 친구가 왔다.
요! 오랜만!
어떻게 된거야? 그 목도리…
욘사마식 목도리야. **몰라?** 일본에서 유행이야.

パネル2:

そっ、そうなの？
友達へのお土産にこれ買ったんだ。
へぇ〜
最近は、海苔やキムチじゃなくて、韓国スターのグッズが喜ばれるんだ〜

그, 그래?
친구 줄 선물로 이거 샀어.
헤에〜
요즘은 한국 스타 관련 상품을 좋아하는구나〜

パネル3:

日本の雑誌に載ってるこの店に行きたい！それから「プルダク」食べてみたい！流行ってるんでしょ？
あとね…
へぇ〜 知らない。食べたことない…色々詳しいね…

일본 잡지에 실린 이 가게 가고 싶어! 그리고 '불닭' 먹어보고 싶어!
그리고 말이야…
헤에〜 몰라. 먹어본 적 없어… 이것 저것 잘아네…

今日本は、韓流ブームと言われる韓国に関するものすごいブームが起こっていますね。数年前では本当に考えられなかったぐらい。(@_@;) 初めは「冬のソナタ」からの影響ですが、今では本屋には韓国の旅行雑誌だけでなく、韓国スターや映画の本があふれ、テレビを見れば、韓国 ドラマに、韓国であったニュースや、韓国スターの話を毎日やってますね！
それに韓国語の語学学校もすごい人気で、韓国ブームが始まる前は10人ぐらいだった生徒が、今では100人を超える人気だと聞きます。
　私が初めて韓国に行き始めた頃は、韓国に関する本も少なく、本屋に行っても旅行用の会話やガイドブックだけだったのに。
　ペ・ヨンジュン氏からはじまった、韓国ブームですが、より日本と韓国が身近に感じられるようになったし、その経済効果は計り知れません。もしかしたら、ある意味、歴史に残るような人かも？と思います。ちなみに私の今の目標は、ペ・ヨンジュン氏が日本で稼いだ額と同じお金を韓国で稼ぐこと！ これって、目標高すぎ!?-_-;;

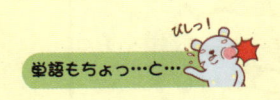

몰라?
모ㄹㅏ우?
知らないの？

오랜만 (オレンマン) 久しぶり
친구 (チング) 友達
요즘 (ヨズム) 最近、近ごろ
목도리 (モクトリ) マフラー
유행하다 (ユヘンハダ) 流行る
잡지 (チャプチ) 雑誌

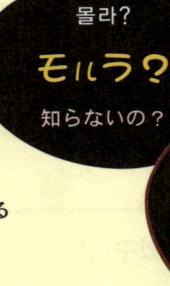

うそつき (거짓말쟁이)

見慣れないものがある。

なにこれ？
自動販売機に電話があるよ？

その電話で注文すると持ってきてくれるんだ。

へぇ～、韓国にはそんなシステムがあるんだぁ。

뭐지 이게? 자판기에 전화가 있네!

그건 전화로 주문하면 갖다 주는 거야.

헤에~ 한국에는 그런 시스템이 있구나.

ある日

誰もいない 注文してみよう。

コ、コーヒー一つください。ちょっとはずかしい…

あれ？小さい声だから聞こえなかったのかな？

어느 날

아무도 없어. 주문해 봐야지.

커피 하나 주세요.

좀 창피하네…

어라? 목소리가 작아서 안 들렸나?

コーヒー一つください！

はい、コーヒーです。

スーッ

騙したな！

♪～

커피 하나 주세요!

(크크)

네, 커피입니다.
(스윽)

속였구나!

第３期 せっ 119

私はよく騙されるほうです。-_-";
そもそも、友達が私の質問に対して、面白がって嘘を教えるのですけど…。
この電話付き、自動販売機も騙されました。
クリスマスには「サルグクス(米麺)」を食べるのだ！と教えられました。(全くのうそです。)
韓国にも日本同様にいかがわしい勧誘などがあるようですが、私の言語力ではまだその話を理解できるレベルにもいたっていないので、騙されずに済んでいるようです。
あっ、でも漫画の面白いネタはできるかな？？
もちろん、公衆電話でコーヒーを注文してないですよ！

単語もちょっ…と…

자동판매기 (チャドンパンメギ) 自動販売機
전화 (チョンファ) 電話　　주문 (チュムン) 注文
커피 (コピ) コーヒー　　속이다 (ソギダ) だます

아무도 없어
アムド オっソ
誰もいない

マナーには訳がある？1
(매너에는 이유가 있다? 1)

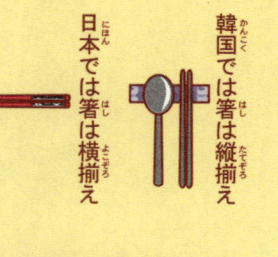

韓国では箸は縦揃え
日本では箸は横揃え

日本ではお茶碗を手に持って食べることを良しとしている。
일본에서는 밥그릇을 손에 들고 먹는 것이 정식이다.

基本的に日本は箸しか使わないので、手に持たないと食べにくい。
기본적으로는 젓가락밖에 쓰지 않기 때문에 들지 않으면 먹기 힘들다.

特に味噌汁はそうである。
ずるずる
특히 된장국은 그러하다.(후룩후룩)

韓国ではお茶碗を手に持って食べないマナーがある。
한국에서는 밥그릇을 손에 들지 않고 먹는 것이 예의이다.

そういえば、お店で出されるお茶碗がめちゃくちゃ熱いことがある。
그러고보니, 가게에서 나오는 밥그릇이 엄청 뜨거운 적이 있었다.

あつっ
앗뜨뜨!

こんなに熱くては手に持つことは出来ない。
이렇게 뜨거워서는 손에 들 수 없다.

もちろん、この煮えたぎる鍋を手に持つ勇気もない。
물론 이 끓고 있는 냄비를 들 용기도 없다.

ぐつぐつ
(보글보글) (보글보글)

뜨거!! 뜨거!!

どこの国でもそうですが、マナーのちがいに、初めは戸惑いますが、その国の礼儀やマナーを知り、実行することは、その国の人に近づけたような気がしてうれしいです。
でも、間違えると失礼なことだったり、ちょっと奇妙な行動に見られて、恥ずかしい思いをしたり…。
　日本に来た韓国の芸能人が、茶碗を持たないで、ご飯やスープを食べていたのが、なんだか食べにくそうでかわいそうだったなんて記事を見たこともあります。(誰か教えてあげればいいのに‥) 食べにくいと思っても、いつもの習慣でそうしてしまうのかもしれませんね。私も、つい箸を横に並べてしまうことがあります。^_^;;
　でも、あまりこだわることなく、最低限のマナーだけを覚えて、あとは美味しく食べられればそれでいいんじゃないのかななんて思います。

単語もちょっ…と…

밥그릇(パプクルッ) お茶碗　　젓가락(チョッカラク) 箸

특히(トゥッキ) 特に　　　　뜨겁다(トゥゴプタ) 熱い

~ㄹ 수 없다(~ルス オプタ) できない　　냄비(ネムビ) 鍋

뜨거워~
トゥゴウォ~
熱い~

マナーには訳がある？2

(매너에도 이유가 있다? 2)

日本ではお酒を飲み干す前に注ぎ足しをするが、韓国では飲み干してからお酒を注ぐ。

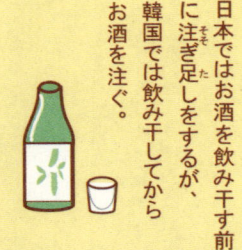

韓国では目上の人とお酒を飲むとき横を向いて杯を隠して見えないようにして飲むのがマナーである。

お酒を飲んでいる姿が悪いと思う考え方、なぜなのか考えてみた。

술마시는 모습이 나쁘다고 하는 사고방식. 왜일까 이유를 생각해 보았다.

한국에서는 윗사람과 술을 마실 때 옆을 바라보고 술잔이 보이지 않도록 하고 마신다.

目上の人の場合、学校の嫌な先輩、会社の嫌な上司というシチュエーションも考えられる。

こいつ嫌い。

飲め！

そんなとき、横を向いてお酒を飲み干す瞬間…

그런 때에 옆을 바라보고 술을 마시는 순간…

이 자식 너무 싫어.

마셔!

윗사람인 경우, 학교의 보기 싫은 선배, 회사의 짜증나는 상사와 마시는 경우도 생각할 수 있다.

無意識のうちにこんな顔をしてしまうかもしれない。

そんな失礼な姿を見せない為に横を向いて飲むのだろうか。

♪〜

べーだ！

이런 무례한 모습을 숨기기 위해 옆을 보고 마시는 게 아닐까?

메롱이다!

무의식적으로 이런 표정을 지을지도 몰라.

お酒の場でのマナーで韓国では、基本的に女性は男性にはお酌をしないと聞きますが、日本では、率先して女の人がお酌をしないと、「こいつ気の利かない女だなぁ」などと、思われがちです。今の時代、そんなことを口にする男はセクハラじゃないか？と思いますが、やはり、「気の利かない女」とは思われたくないので、お酌をしてしまいます。^^;;
韓国での年配の人とお酒を飲むときのマナーは、本で読んで知っていましたが、本当に横を向いて若い人が恐縮しながら飲んでいる姿をみたとき、なんだか切ない感じがしました。なので、こんな漫画みたいな理由から考えられたマナーだったら、若い人も納得できるかも？なんて考えてみました。でも、きっと韓国では昔からの習慣だから、あまり切ない気分はないのでしょうか？私が男性にお酌をしてしまうのとおなじで…。

単語もちょっ…と…

윗사람（ウィッサラム）目上の人
마시다（マシダ）飲む
싫어하는（シロハヌン）いやな

술（スル）お酒
경우（キョンウ）場合
옆（ヨプ）横

마셔!
マショ!
飲め!

みるくが…お姉さん？

(미루쿠가… 언니?)

第3期 せっ

언니？
ドキッ

　日本では一般的に「おねんさん」や「おにいさん」と言う言葉は、全く知らない人への呼びかけや、本当に自分のお姉さんである場合や、友達や親しい人の年上の兄弟に使いますが、韓国のように親しい年上の人や、芸能人にはあまり使わない言葉です。
　私は、弟や妹などの年下の兄弟もいないし、自分より年下の友達からも名前で呼ばれていたので、韓国で年下の友達から「お姉さん」と呼ばれると、うれしいような、恥ずかしいような、くすぐったい不思議な感じがしてドキドキします。「この人にとって私はお姉さんなんだ！」お姉さんってなに？お姉さんらしくってどうしたらいいの？と変に緊張して、よく解らないけど頑張らないと!!という気分になります。でも、変なところで頑張りすぎて、漫画みたいなことになっちゃうんですけどね。^ ^;;

원샷!
ウォンシャッ！
一気(飲み)！

単語もちょっ…と…

여자친구（ヨジャチング）彼女　　소개（ソゲ）紹介
언니（オンニ）お姉さん　　　　처음（チョウム）初めて
～답게（～ダプケ）～らしく　　행동하다（ヘンドンハダ）振る舞う

くる！ (온다!)

きっとくる!!　くる!!

꼭 올 거야!!　올 거야!!

きた!!

왔다!!

ホントに来た！
公園でも出前してくれるんだね♪
はい！ジャージャー麺です。
なんでいぬうたが出前してるんだ？

진짜로 왔어!
공원에도 배달해 주는구나♪

네! 자장면입니다.
왜 이누우타가 배달을 하는 거야?

日本に住んでいる頃は、ほとんど注文することが無かった出前ですが、韓国に来てからはよく出前を利用しています。
　理由は、「早い、安い、便利」だからでしょうか？日本の出前は、私が思うに、「遅い、高い、値段のわりにおいしくない」そんな気がしますが、どうでしょうか？
韓国の出前ですが、私が一番驚いたのが、海に行ったとき、砂浜まで配達してくれたときです。
　友達がこっそり注文していたのですが、こんなところまで届けてくれることを知らなかったので、近くで出前のバイクが止まって、人ごみを掻き分けながら、私たちのレジャーシートのところまで届けてくれたのには驚きました。海でも温かいジャージャー麺が食べられるなんて!!と感動しました。^^

単語もちょっ…と…

오다（オダ）くる
정말로（チョンマルロ）本当に
배달（ペダル）出前
왔다（ワッタ）きた
공원（コンウォン）公園
〜해 주다（ヘ チュダ）〜してくれる

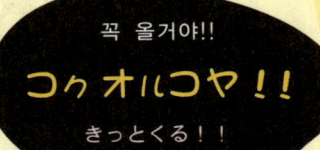

꼭 올거야!!
コッ オルコヤ!!
きっとくる!!

ヘルスクラブ (헬스클럽)

昔は毎日通っていたんだけどね… 今は、こんな体じゃん？

옛날에는 매일 다녔는데… 지금은 이런 몸이잖아.

また、ヘルスに通おうかと思ってるんだけどお金かかるしね…

うん…

다시 헬스 다니려고 하는데, 돈도 들고 말이야…

(음…)

ヘルス通い？お金がかかる？

あわわ…

헬스에 다녀? 돈이 들어? (어버버…)

想像図

いらっしゃい♥

どうぞこちらへ〜

ヘルスって、日本だと女の人が裸でサービスするような所…

상상도

어서오세요〜♥

이쪽으로〜

헬스라면 일본에서는 여자가 나체로 서비스하는 곳…

近所にできたの？…一緒に行こうか？

はっ！

근처에 생겼어? …같이 다닐까？

(핫!)

いぬうたは行きません！

이누우타는 안 가요!

バッ！

何すんだよ？

뭐하는 짓이야？

(탁!)

第３期 せっ

　韓国では、「フィットネスクラブ」とか「スポーツジム」のことを一般的に「ヘルスクラブ」という言い方をします。韓国は健康ブームなので街のあちこちに、「フィットネスクラブ」があるのですが、看板に「ヘルス」と書かれていると、変なネオンがなくても、違う想像をしてしまいます。私の友達にも、何年もヘルスで体を鍛え上げた美しい筋肉美をもった人がいます。(こんな人を韓国では「モムチャン」と言います。)
　彼は、今は芸能人やモデルも通う超有名なヘルスに通っています。うらやましいですね〜。
でもその前は、近所のヘルスで１年間体を鍛え上げて、人に見せても恥ずかしくない体を作ってから、そのヘルスでデビューしたんですって！涙ぐましい努力!! 超有名なヘルスという憧れだけで入会したら、筋肉のない脂肪体の私は恥ずかしさに萎縮してしまいそうです。

単語もちょっ…と…

매일(メイル) 毎日
몸(モム) 体
근처(クンチョ) 近所

다니다(タニダ) 通う
어서오세요(オソオセヨ) いらっしゃいませ
같이(カチ) いっしょに

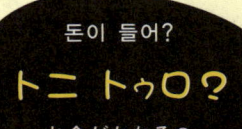

돈이 들어?
トニ トゥロ？
お金がかかる？

映画の余韻 (영화의 여운)

みるく映画を観る
うぅっ感動〜
エンディングのスタッフロールだ。

미루쿠 영화를 보다
엔딩 자막 올라가네.
우웃 감동이야~

あれ？エンディングの歌がはじまったばかりなのに、館内が明るくなったぞ。
みるく行くぞ！
ええっ？もう行くの？もっと映画の余韻に浸っていたいのに…

어? 엔딩 노래가 시작하자마자 극장이 밝아졌네?
미루쿠 가자!
에? 벌써 가는거야? 영화의 여운에 좀 더 잠기고 싶은데…

ん？何？
ムード無し
さっきの映画感動だったよね。
(食堂)
あー腹減った。

응? 뭐라고?
무드없음
아까 영화 감동적이었어.
아~ 배고프다.

日本にいたときよりも、映画を沢山観にいくようになりました。韓国のほうが映画の料金が安かったり、ハリウッド映画も日本より早く上映したり、映画館が近所に沢山あったりと、日本にいたときより映画を見やすい環境にあるようです。でも、韓国映画館は映画のストーリー自体が終わると、エンディングのスタッフロールの時点ですぐに館内が明るくなってしまうので、映画の世界からすぐに現実の世界に戻されてしまって、気分の転換が難しいです。だって、悲しいストーリーを観たあと、なみだでボロボロの顔を整える前に周りが明るくなってしまったら、急に恥ずかしくなって、映画の余韻も吹っ飛んでしまうと思いませんか？悲しい映画ぐらいは、しばらく館内を暗くしてほしいのですが…　だめですかね～？

単語もちょっ…と…

영화（ヨンファ）映画
밝다（パクタ）明るい
아까（アカ）さっき
감동（カムドン）感動
벌써（ポルッソ）もう
뭐라고?（モラゴ）何？

아～배고프다
アーペゴプダ
あー腹減った

ナクチファイティン

(낙지 화이팅)

おいしいけどかわいそうな食べ方…	だから、新鮮でおいしいんだよ。		わー！まだ動いてるよ。
ぐすん…			

(쓰윽…) 맛있긴 한데, 좀 불쌍해… / 그래서, 신선하구 맛있는 거야. / 와~! 아직도 움직여!

あっ、タコが嫌がって箸に張り付いてる！	ほらっ！みるくの好きな辛いスープだよ〜！	みるく、こういうの嫌いだったのかな…

앗, 낙지가 싫어라하며 젓가락에 달라붙었어! / 자아! 미루쿠가 좋아하는 매운탕이야~! / 미루쿠, 이런 거 싫어했었나…

残酷な女だ…	あっ…	ナクチファイト〜！

잔인한 여자야… / (앗…) / 퐁당! / ナクチファイト〜！

私の中で、センナクチ（タコの踊り食い）は韓国に行ったら必ず食べたい料理の一つでした。「気持ちわるい」という人もいますが、新鮮なタコを生きたまま食べるなんて贅沢な食べ方だと思いませんか？日本じゃそうそう、食べられないですよ！

　でも、今までにセンナクチを何度も食べているのですが、「きゃー、動いている！！」ということに興奮していつも味は忘れがちです。^^;;

　生きているナクチ一匹を箸に巻きつけて食べるものがあるらしいのですが、まだ挑戦したことがありません。足から食べるのかな？それとも頭から食べるのかな？？と想像しただけでワクワクしていつか食べてみたいと思っています！やっぱり私って残酷かしら？

불쌍해…
プルサンヘ…
かわいそう…

単語もちょっ…と…

움직이다（ウムジギダ）動く
맛있다（マシッタ）おいしい
젓가락（チョッカラク）箸
신선（シンソン）新鮮
싫어하다（シロハダ）嫌がる
잔인하다（チャニンハダ）残酷だ

ホンオフェ

(홍어회)

これは、みるくも食べられないだろうな〜

ホンオフェだ！

何これ？お刺身？

くんくん

뭐야 이게?
회? (킁킁)
홍어회다!
이건 미루쿠도 못먹을걸~

えーっ!!

トイレの便器を舐めたような味がするんだ！

(엑~!!)
화장실 변기를 핥은 것 같은 맛이 나거든!

たとえ話だって！

いくらのどが渇いてもトイレの水は飲めないね〜

いぬうた、トイレの便器舐めたことあるんだ！

こそこそ

예로 든거라니까!
아무리 목이 말라도 화장실 물은 못먹지, 그지~
이누우타는 화장실 변기를 핥은 (소근소근) 적이 있구나!

第３期 せっ

「ホンオフェ」はガンギエイの発酵した刺身で、韓国では、結婚式などの席に出される高級な料理の一つです。でも発酵した独特な匂いで韓国でも好き嫌いがはっきりと分かれます。私も噂ではどんなものなのか聞いていましたが、実際はじめて食べたとき、鼻を突き抜ける強烈なアンモニア臭に驚いて、一切れしか食べることが出来ませんでした。-_-
しかし、その後何度か食べる機会があって、食べるたびにホンオフェの味がわかってきました。
　この味が、好きと嫌いということは別にして、こういう痺れるような味覚も存在するんですね？
　まだ、この味が好きだ！というようになるには時間がかかりそうですが、食べたときに、脳が活性化しているような感覚は意外と癖になりそうな感じです。^^

맛이 나거든!
マシ ナゴドゥン！
味がするんだ！

単語もちょっ…と…

회(フェ) 刺身
핥다(ハルタ) 舐める
아무리(アムリ) いくら

변기(ピョンギ) 便器
맛(マッ) 味
예(イェ) たとえ

健康診断 (건강진단)

미루쿠 건강진단을 받다.

みるく検診を受ける。
今まで大きな病気や手術をしたことがありますか？
ないです。
家族の中で大きな病気にかかった人がいますか？
いないです。

지금까지 큰 병이나 수술을 받은 적이 있나요?
없어요.
가족 중에 큰 병에 걸린 사람이 있나요?
없어요.

韓国語が上手ですね〜
えへへっ〜 まだまだですよ。
褒められて、気分がいいみるく
次は目の検査です。
左側の目を隠してください。

한국어 잘하시네요〜
에헤헤〜 아직 멀었어요.
칭찬받아서 기분이 좋은 미루쿠
다음은 눈검사입니다.
왼쪽 눈을 가려 주세요.

左側ってどっちだっけ？
あれ？ あれ？
こっち側かな？
反対側ですよ！
韓国語がわかっても、左右がわからないみるく

왼쪽이 어느 쪽이더라?
(어? 어?)
이쪽인가?
반대쪽이에요!
한국어를 알아도 좌우를 모르는 미루쿠

外国で病院にいくというのは、特に緊張します。先生に自分の症状を伝えねばならないのに、うまく伝えられるかな？とか先生の言っていることが理解できるだろうか？病気も心配ですが、別の気苦労があります。

　先日会社で健康検診を受けました。日本でも5年ぐらい健康検診を受けていなかったので、ちょっと不安でしたが、特に大きな病気もなさそうです。

　その際、色々な検査を受けたのですが、担当の先生が変わるたびに「韓国語は出来ますか？」と聞かれました。「はい、できます！」と答えておきながら、検査で、右を向いてくださいとか、左向いてくださいと言われる度に、右側、左側が左右の方向を示す言葉ということはわかりますが、それがどちら側だったか忘れてしまって、反対側を向いてしまいました。^^;

　まだ、基本的なことがわかっていない私です。^^;

아직 멀었어요
アジゥ モロッソヨ
まだまだですよ！

単語もちょっ…と…

병（ピョン）病気
가족（カジョク）家族
왼쪽（ウェンチョク）左
수술（ススル）手術
검사（コムサ）検査
좌우（チュァウ）左右

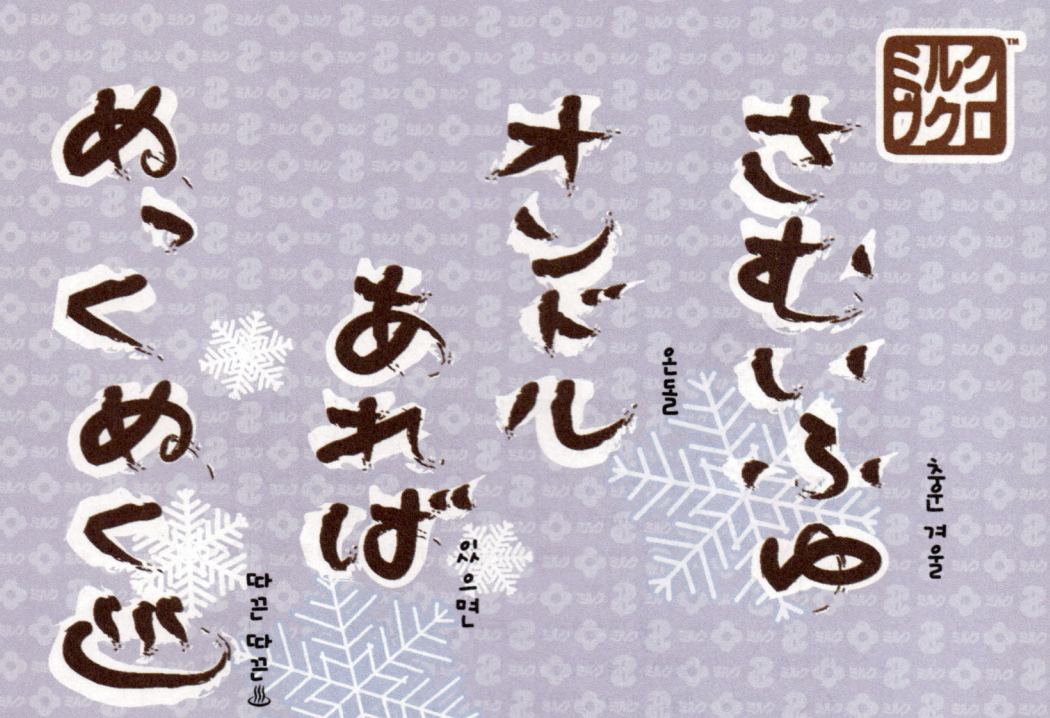

さむいふゆ
オンドル あれば
ぬくぬく♨

番外編 いぬうたのごたばた日本体験記

第4期

ねっ

- 日本へ行こう
- みるく巨大化？
- 優雅にタクシー
- 漫画で勉強
- 回転寿司
- 牛丼の食べ方
- 無料マッサージ
- いぬうたの電車でGO!
- 京都へ行く
- 納豆へのこだわり
- 天災

いぬうたの 日本へ行こう
(일본에 가자)

KOREA / JAPAN

日本のにおいがする！
くんくん

日本　到着

일본 냄새가 나네!
(킁킁)

일본 도착

あっ！いぬうた！

みるく！こっちだ！

日本のにおい？

앗! 이누우타!

미루쿠! 이쪽이야!

일본 냄새?

こくり

うん…。

お、お腹空いてるの？

うどん
あっそば
はぁはぁ

(끄덕)　응….

배, 배고팠어?

우동
(하아하아)

앗…

第4期 ねつ

うどん そば

　うどんやそばの鰹節のだし、醤油のにおい、カレーの匂い…こんな食べ物のにおいをかぐと日本に帰って来たんだなぁと実感します。
　これからのお話は、いぬうた(韓国人)が日本に来たときのお話です。みるくの逆バージョンです。＾＾;;
　韓国と日本、町並みも人も雰囲気はどことなく似ている。だから、両国の違いを探すのはとっても面白いです。私も韓国の人が日本に来てどのように感じるのかに興味があります。

이쪽이야!
イッチョギヤ！
こっちだ！

単語もちょっ…と…

냄새(ネムセ) におい　　이쪽(イッチョク) こっち

냄새가 나다(ネムセガ ナダ) においがする

배고프다(ペゴプダ) お腹が空く

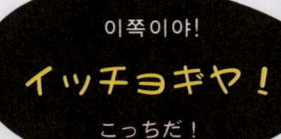

みるく巨大化？

(미루쿠 거대화?)

> みるくが大きく見える！周りの日本人が小さいのか？
> はっ！

> みるく〜
> 韓国ではこんな感じなのに…

미루쿠~
한국에서는 이런 느낌이었는데…

미루쿠가 커보여! 주위의 일본인이 작은건가?
핫!

> 電車に乗る
> あっち側のイス空いてるから座りなよ。
> やっぱり！みるくが大きく見える。
> はっ！

전철을 타다
앉아~ 저쪽 자리 비었으니까 앉아.
핫!
역시! 미루쿠가 커보여!

> 韓国では遠くにいるように見えるのに…
> 巨大化…？
> 日本の電車が小さいの！

한국에서는 멀리 있는 것처럼 보였는데…
거대화…？
일본 전철이 작은 거야!

142

第4期 ねっ

　日本にいるときはなんとも思わなかったのですが、韓国で生活して、地下鉄に乗り慣れてから日本の地下鉄に乗ると、向い側に座っている人がとても近くに見えて変な感じがします。そう、日本の電車は、幅が小さいのです。電車に限らず、バスも小さいような気がします。それに、家も、道路も、人間も…。
　私も韓国にいるときと日本にいるときで、見える周りの人の風景が違います。大袈裟だけど、韓国では人の顔を見上げている感じ。日本では同じ目線もしくは見下げている感じ。ようするに日本人も、街のつくりも小さいってことですよね。

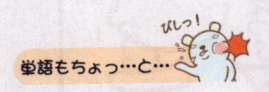

単語もちょっ…と…

크게（クゲ）大きく
주위（チュウィ）まわり
자리（チャリ）席
보이다（ポイダ）見える
느낌（ヌキム）かんじ
앉다（アンタ）座る

작은 거야!
チャグンゴヤ！
小さいの！

優雅にタクシー (우아하게 택시)

タクシー！

日本のタクシーはドアが自動で開く。

일본 택시는 문이 자동으로 열린다.

シートは白い布張りでプチセレブ気分。
すりすり

(쓰윽쓰윽) 시트는 하얀 천으로 덮여 있어 약간 럭셔리한 기분.

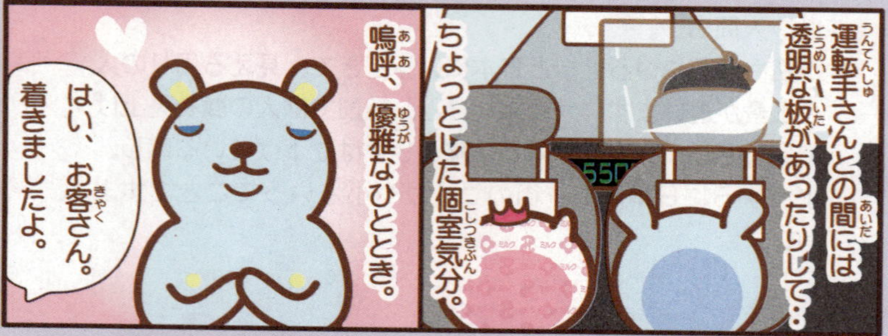

運転手さんとの間には透明な板があったりして…ちょっとした個室気分。

はい、お客さん。着きましたよ。

嗚呼、優雅なひととき。

네. 손님. 도착했습니다. 아아~ 우아한 시간~ 개인공간 같은 기분. 운전 기사 아저씨와 사이에 투명한 판이 있어서…

ゴロン
お客さん！
6800
高っ！
えっ？
いぬうた、払っといて！

손님! (기우뚱) 비싸! 엣? 이누우타 계산해!

第4期 ねっ

　韓国も最近タクシー代が値上がりしましたが、それでも初乗り1,900ウォン！とっても安いですね！生活する上でソウルと東京の物価の違いはあまりないと思いますが、一番開きがあるものはタクシー代かも？と思います。
　確かに日本のタクシーに比べれば、車内も綺麗とはいえないし、運転も荒いです。でも生活の足として使うには、このぐらいの価格でないとだめですよね。
　いぬうた氏が、初めて日本に来たとき、よく解らなかったので東京都内からタクシーで成田空港まで行きました。（日本人でも普通そんな人いませんね！）そして着いてびっくり3万円!!ご愁傷様です。-_-;;

韓語もちょっ…と…

문（ムン）ドア　　　　자동（チャドン）自動
운전기사 아저씨（ウンジョンギサ アジョシ）運転手さん
우아（ウア）優雅　　　손님（ソンニム）お客さん

계산해!
ケサンへ！
払っといて！

漫画で勉強 (만화로 공부)

日本の勉強しています。

あっ、これ知ってる！「たこ焼き器」でしょ？大阪人は、みんな持ってるんでしょ？

みんな持ってるかは知らないけど…いぬうた詳しいね。

앗, 이거 알아!「타코야키기」지? 오사카 사람은 모두 가지고 있지?

모두가 가지고 있나는 모르겠는데… 이누우타 잘 알고 있네.

ふふん♪

日本の漫画で読んだ。

これも知ってる！「こたつ」でしょ？みかんがテーブルの上に置いてあるんでしょ？漫画で読んだ。

すごい！いぬうた。

일본 만화에서 봤어. 후훗♪

이것도 알고 있어!「코타츠」지? 귤이 테이블 위에 놓여져 있지? 만화에서 봤어.

대단해! 이누우타

あっ！本物のセ、セーラー服の女子高生だ！

いぬうた！どんな漫画読んでるんだ！

이누우타! 무슨 만화를 본거야!

앗! 진짜 세라복 여고생이다!

私の周りの人は本当にみんな日本の漫画を良く知っていると思います。多分私よりも…^^;
漫画から、異国のカルチャーや言葉を知るのは、学ぶと言うより楽しむと言う感覚に近いので、興味も沸きやすく、覚えやすいのかもしれませんね！
　私の実家はレトロな日本家屋ですが、韓国の友達が私の家に来たとき、コタツをみて「あっ！漫画で見たことがある！一緒だ！」と言ったときには、なんだかちょっと恥ずかしかったです。
　私も韓国の作家さんの漫画を見ますが、家の中にあるものやシチュエーションが、日本と違うので面白く感じました。
だから、この『みるく』で勉強した！なんて人がいたらちょっと光栄です。*^o^*

単語もちょっ…と…

알다（アルダ）知る
만화（マンファ）漫画
위（ウィ）上

가지다（カジダ）持つ
귤（キュル）みかん
세라복（セラボク）セーラー服

이거, 알아!
イゴ アラ！
これ、知ってる！

回転寿司 (회전 초밥)

へい！らっしゃい！

回転寿司は、回っているネタより、注文したほうが新鮮でおいしいよ。

회전 초밥은 돌고 있는 것보다 직접 주문하는 게 신선해서 맛있어.

ふーん。いぬうたは、よくわからないからみるく注文してよ！

흠, 이누우타는 잘 모르니까 미루쿠가 주문해!

中トロとアナゴ下さい。

츄토로랑 아나고 주세요.

それから、ハマチとウニね。

그 다음에 방어랑 성게요.

大きい！うわ〜

크다! 우와〜

へい、おまち〜 中トロ、アナゴね。

아, 오래 기다리셨습니다. 츄토로, 아나고요.

いぬうた、一人で全部食べないでよ…

아누우타, 혼자서 다 먹지마…

きこえない

안들려

し・あ・わ・せ

행・복・해

韓国にも回転寿司屋があります！私も手軽に日本の味を食べたくて、たまに行くのですが、私が好きなネタがないことが多いのです。どうやら私が好きなネタは韓国ではマニアック（？）ネタのようです。といっても、日本ではポピュラーな、いくらや、ウニ、アナゴあたりなんですが、お皿が回っていないので、「アナゴ下さい！」といって注文すると、大抵「チェソンハムニダ（すいません）」と言われて、「韓国人はあまり好きなネタではないので、置いてないです。」と謝られてしまいます。だから友達に「寿司屋泣かせ」といわれています。

　そして、韓国の寿司屋は、ネタの名前は日本語注文しても通じるのです。だから、いぬうた氏からは「寿司屋では日本語で注文しろ!」と言われます。日本人がいると思うと、気合を入れてきっと美味いネタを提供してくれるだろうという、浅はかな魂胆です。。。

単語もちょっ…と…

회전초밥（フェジョンチョバプ）回転寿司
주문（チュムン）注文
방어（パンオ）ハマチ
행복해（ヘンボケ）しあわせ
붕장어（プンジャンオ）アナゴ

다 먹지마…
タ モゥジマ…
全部食べないでよ…

牛丼の食べ方
(쇠고기 덮밥 먹는 법)

お待たせしました。

いぬうたも同じの！

並で、卵と味噌汁ね！

오래 기다리셨습니다.

이누우타도 **같은 거요!**

보통으로, 계란이랑 된장국요!

ぐちゃぐちゃ

紅しょうがのせて、七味唐辛子かけて、卵もかけちゃおう！

(질퍽질퍽)

베니쇼가 넣고, 시치미 넣고, 계란도 넣자!

いぬうた！ビビンバじゃないんだから、混ぜなくてもいいんだよ！

カチン！

えっ！

이누우타! 비빔밥이 아니잖아, 안 비벼도 돼!

(빠칭!)

엣!

第4期 ねっ

　日本人がどんぶり物を、なぜビビンバのように混ぜないで食べるのか考えてみました。私の場合ですが、まず、食べ物それぞれの味を食べてみたいと考えます。そして、混ぜずにご飯の上に載せて一緒に食べているうちに、時間がたつほどにそれぞれの食材から味が隣の食材に混ざっていき、その混ざり加減もご飯がなくなるにつれて徐々に変わり、汁がごはんに染みていき、初めから最後まで微妙に異なる味を楽しめるから、混ぜないで食べます。それに混ぜちゃうと、最初から最後まで同じ味で飽きてしまうから！
　しかし、韓国のビビンバはやはり混ぜて食べたほうが美味しいです。韓国に来た当初は混ぜずにどんぶりもののように食べていたのですが、ある日混ぜて食べたら、そのほうが美味しかったのです。やはり、その国ならではの食べ方で食べたほうが美味しいのかもしれませんね！

같은 거요!
カトゥン ゴヨ！
同じの！

単語もちょっ…と…

보통(ポトン) なみ
된장국(テンジャンクク) みそ汁
비빔밥(ピビムパブ) ビビンバ

계란(ケラン) 卵
비비다(ピビダ) まぜる

無料マッサージ
(무료마사지)

에~ 일본이니까 비싸지 않을까?

맞다~ 마사지 받으러 갈까?

응, 이누우타도…

너무 많이 걸었더니 힘들어…

전자상가?

여기 6층이야!

오십만엔 마사지가 공짜?

괜찮아, 괜찮아! 오십만엔 마사지를 공짜로 할 수 있다니까!

기분좋다~♪

그럼 이누우타는 처음이니까 오십만엔짜리 의자에 앉혀 줄께!

152

第4期 ねっ

これは実際に私がやっていることです。^^;;、初めはちょっと店員さんの目もあって、恥ずかしいのですが、座ってみるとこれが気持ちよくて、また疲れたときやりたくなるほど病み付きになります。
そのほかにもダイエットマシーンを試したり、血圧を測ったり、体重測定したり、日本の電気屋はショッピングだけでなく色々使えて楽しいです。日本旅行に来た韓国の友達も、初めは恥ずかしがってためらっていましたが、一度やると病みつきになるみたいで、疲れると「電気屋に行こう」と言うようになりました！

単語もちょっ…と…

많이（マニ）たくさん
마사지（マサジ）マッサージ
처음（チョウム）初めて

힘들다（ヒムドゥルダ）つかれた
괜찮다（ケンチャンタ）大丈夫
비싸다（ピッサダ）高い

공짜？
コンチャ？
タダ？

みるくのエステ・プログラム

パックは女だけのもの？ふふっ…それはもはや昔の話！
みるく様のエステプログラムを受ければ
誰もが素肌美人・素肌美男に生まれ変われるのです。

手順

1. クレンジング
顔を清潔にするのは基本中の基本。石鹸よりも専用のクレンジングフォームを使って。女性はクレンジングオイル＋フォームなど、必ず二度洗顔をしましょう。

2. 化粧水
顔に残った老廃物を拭き取って、水分も供給。

3. マッサージパック
手作りパックが一番良いけれど、市販されているシートタイプのパックを使えば簡単。シワにならないようにしっかり広げて顔に密着させて。

4. スチーム
パックの上に蒸しタオルを載せると、毛根が開いてパックの栄養分がぐんぐん顔に浸透。家では水に濡らしたタオルを電子レンジにちょっとかければOK！10～15分ほどしたらパックをはがして、残った栄養分は完全に吸収されるよう、揉み込むようにマッサージ。

おうちで半身浴してみよ！

→ ゆだってます！！

方法

1. おへその下までお湯に浸かる。お湯の温度は40度くらいがちょうど良い。
2. 手をお湯に浸けないように注意。
3. 8〜10分ほど半身浴をしたら、5分ほどひと休み。これを3回繰り返し！

❓ 半身浴が身体に良い理由

わたしたちの身体の熱は下半身よりも上半身に多く分布しています。（自転車に乗ると足に汗を掻かないで上半身に汗を掻くでしょ？）半身浴をすると上半身と下半身の温度がちょうど合って血液循環が円滑になるため、身体に良いというわけです。

ぶくぶく

いぬうたの電車でGO!

(이누우타의 전철로 GO!)

그러고보니 한국은 안보이는구나!

일본의 전철은 운전석이 보이는구나! 끝내준다.

이누우타 굉장히 맘에 드나보네♪

운전석이 보이면, 운전사의 행동을 전부 아니까, 안전한 것 같지 않아?

뒤에서 살기가…

第4期 ねつ

　韓国の電車は運転席が見えません。だから運転席が見えると言うのはとっても不思議で興味深いことのようです。そんなことが関係しているのかわかりませんが、韓国には、日本のような電車オタク（？）がいない気がします。運転席が見えないから、運転手の仕事や電車についてあまり興味を持ちにくいのでしょうか？ だから、日本文化の一つである、電車の模型を作ったり、電車の撮影をする電車オタクという存在の文化がとっても面白いみたいです。

単語もちょっ…と…

전철（チョンチョル）電車　　운전석（ウンジョンソク）運転席
보이다（ポイダ）見える　　안전（アンジョン）安全
마음에 들다（マウメ トゥルダ）気に入る

끝내준다!
クンネヂュンダ！
すげー！

京都へ行く (교토에 가다)

みるくどすえ～

京都って日本人から見ても歴史があって、趣深くて情緒があるのよね～

ねぇ、みるく あの建物って何？ どんな意味があるの？

えっ？

…知らない。

ぽりぽり

교토는 일본인이 봐도 고풍있고 멋스러운 정서가 있구나～

저기, 미루쿠 저 건물은 뭐야? 어떤 의미가 있어?

에?

…모르겠는데. (긁적긁적)

何だよ！日本人なのに日本のこと知らないのか？

じゃあ、あれは何？

…知らない。

뭐야? 일본인인데 일본에 대해서 하나도 모르는 거야?

그럼 저건 뭐야?

…몰라.

それなら、いぬうたは韓国の一万ウォン札の裏の建物が何か知ってるか？

…知らな～い。

그럼, 이누우타는 한국돈 만원 짜리 뒤에 있는 건물이 뭔지 알아?

…몰라～.

京都に韓国の友達と行ったことがありますが、私は京都に住んでいるわけでもなく歴史に詳しいわけでもないので、道案内はできても（地図が読めるだけ？）その建物の意味や歴史について語ることはできませんでした。案内する前にもっと勉強しておけば… -_-;;　なんて思いました。やはり昔、勉強したことは忘れてしまっているし、日本に住んでいても自分の関心のないことは知らないものです。色々日本のことを聞かれても、私よりまわりの韓国の友達のほうが知っていることが多いです。-_-;; 外国に来ると、言葉は知っていても意外と日本のことを知らない自分に呆れたりします。-_-;;;

単語もちょっ…と…

역사（ヨクサ）歴史　　　건물（コンムル）建物

의미（ウィミ）意味　　　무엇（ムオッ）何

일본에 대해서（イルボンエ テヘソ）日本について

몰라～
モルラ～
知らな～い

納豆へのこだわり
(낫토에 대한 고집)

これが慣れるとクセになるおいしさなんだよ～
ねばぁ～

이게 익숙해지면 버릇 들 정도로 맛있다구~ (끈적~)

うわっ くちゃい！
くんくん

으악 구려! (킁킁)

いぬうたも、醤油とからしを入れてから、よくかき混ぜて食べてみなよ！
うん…

이누우타도 간장이랑 겨자 넣어서 잘 섞어 먹어봐!
응…

ねばねばキモイ…
そろりそろり

끈적끈적 기분나빠… (살살)

ビビンバはよく混ぜるのになんで納豆は混ぜられないんだ？
みるくこわい…

비빔밥은 잘도 비비더니만 낫토는 왜 못해?

미루쿠 무서워…

何やってんだよ！ゆるゆる混ぜないで、白く泡立つまでしっかり混ぜる！

뭐하는 거야! 느릿느릿 젓지말고 하얀 거품이 올라올 때까지 제대로 저어!

子供のころ、納豆はそれほど好きではありませんでした。でも何となく食べているうちに好きになりました。今韓国に住んでいて、日本食が恋しいと思うことはあまりないのですが、唯一食べたいと思うのが納豆です。韓国の友達がはじめて納豆を食べたとき、納豆のかき混ぜ方がぎこちなくてイライラしました。
　だって、どうせ食べるなら美味しく食べてもらいたいじゃないですか？やっぱり納豆はよくかきまぜて、ねばねばの部分が白くなるぐらいかき混ぜたほうが美味しいですからね〜。
　私の周りの韓国の友達は、意外と納豆とか梅干が好きな人が多いです。なんかうれしいです。＾＾

単語もちょっ…と…

익숙해지다（イクスクヘジダ）馴れる

버릇（ポルッ）くせ　　섞다（ソクタ）混ぜる

기분이 나쁘다（キブニ ナプダ）キモイ

뭐 하는 거야!
モ ハヌン ゴヤ!
何やってんだよ!

てんさい
天災 (천재지변)

1컷:
- いぬうた！早く、机の下に！
- あうあう…
- 地震 (じしん)

이누우타! **빨리** 책상 밑으로! / 아우아우… / 지진

2컷:
- いぬうた！流されるな！
- ぎゃー！
- 台風 (たいふう)

이누우타! 떠내려 가지마! / 끄아~! / 태풍

3컷:
- 韓国に帰りたい！
- うわ～
- 竜巻 (たつまき)

한국에 돌아가고 싶어! / 우와~ / 토네이도

第4期 ねつ

本当に日本は天災が多いですね。しかもその被害も近年は拡大しているようでちょっと怖いです。韓国にいるときに日本のニュースを聞くと、心配になります。
　韓国に住むようになってから、日本に帰ったとき、本棚から本が飛び出していて「えっ？泥棒？」と思ったことがありましたが、取られているものは特になく、よく考えたら、私が韓国に行っているあいだに地震があったことを思い出したことがあります。
　韓国に住んで、正直地震は一度も体験したことがないです。大きな被害の出る天災自体も日本より少ないようです。でも、一度だけあるのですが、大雨が降った日、私は韓国から日本に帰る予定だったのに、橋が川の下に沈んでしまって、交通手段がなくて空港にたどりつけず、飛行機に乗れなかったことがあります。

単語もちょっ…と…

빨리 (パルリ) 早く
밑 (ミッ) 下
돌아가다 (トラカダ) 帰る
책상 (チェクサン) 机
떠내려가다 (トネリョガダ) 流される
~고 싶다 (ゴ シプタ) ～たい

빨리!
パルリ！
早く！

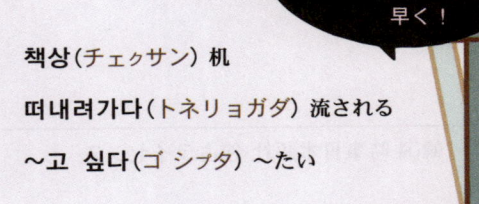

みるくさまの どたばた 韓国体験記

2006年 7月 10日　初版発行

著　者　　今関いずみ
発行者　　佐藤 康夫
発行所　　白 帝 社
〒171-0014　東京都豊島区池袋 2-65-1
TEL 03-3986-3271　FAX 03-3986-3272
E-mail　info@hakuteisha.co.jp
http://www.hakuteisha.co.jp/
印刷所　　大倉印刷株式会社
製本所　　若林製本所

Printed in Japan　　韓国 時事日本語社 独占ライセンス　　ISBN 4-89174-770-6

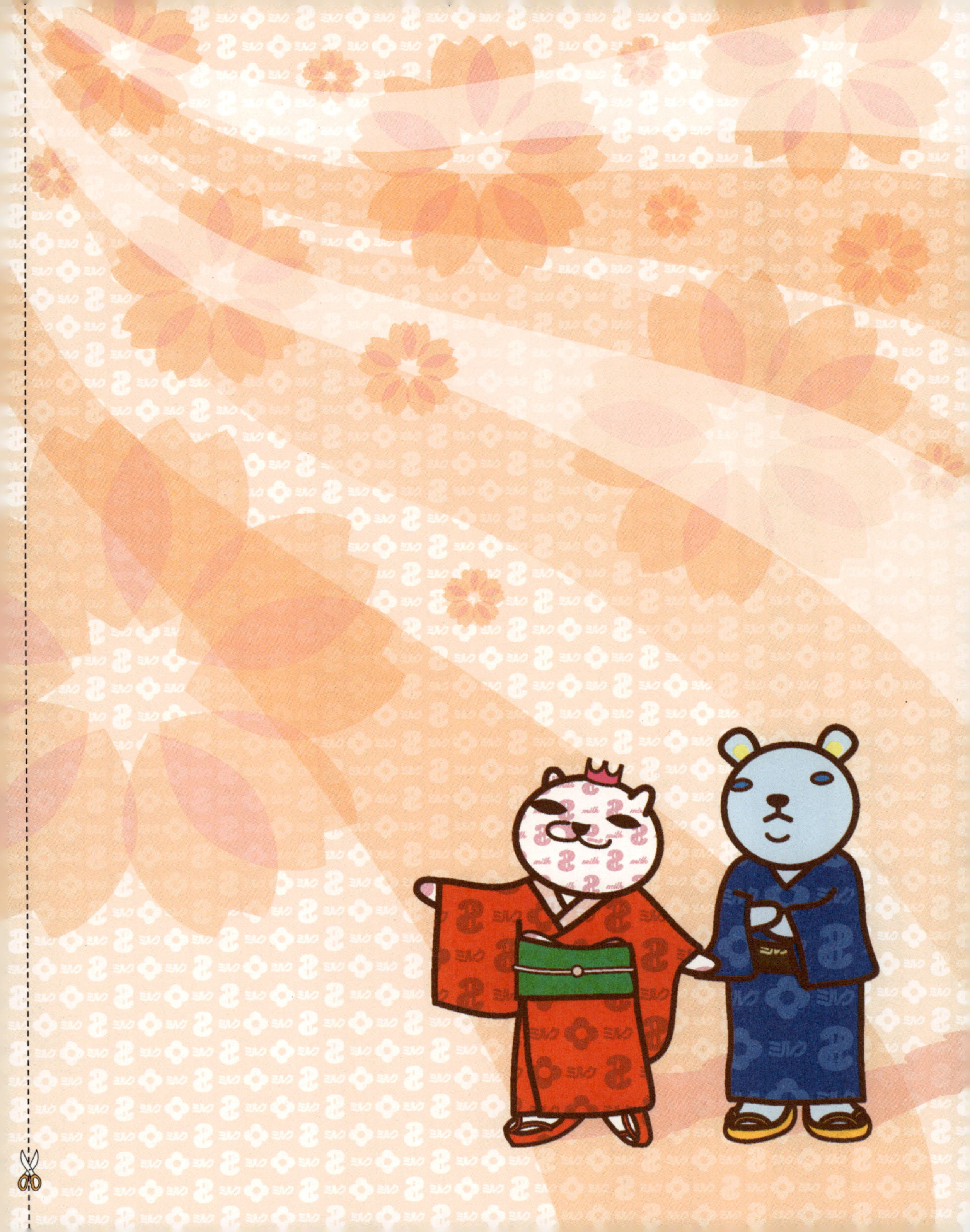

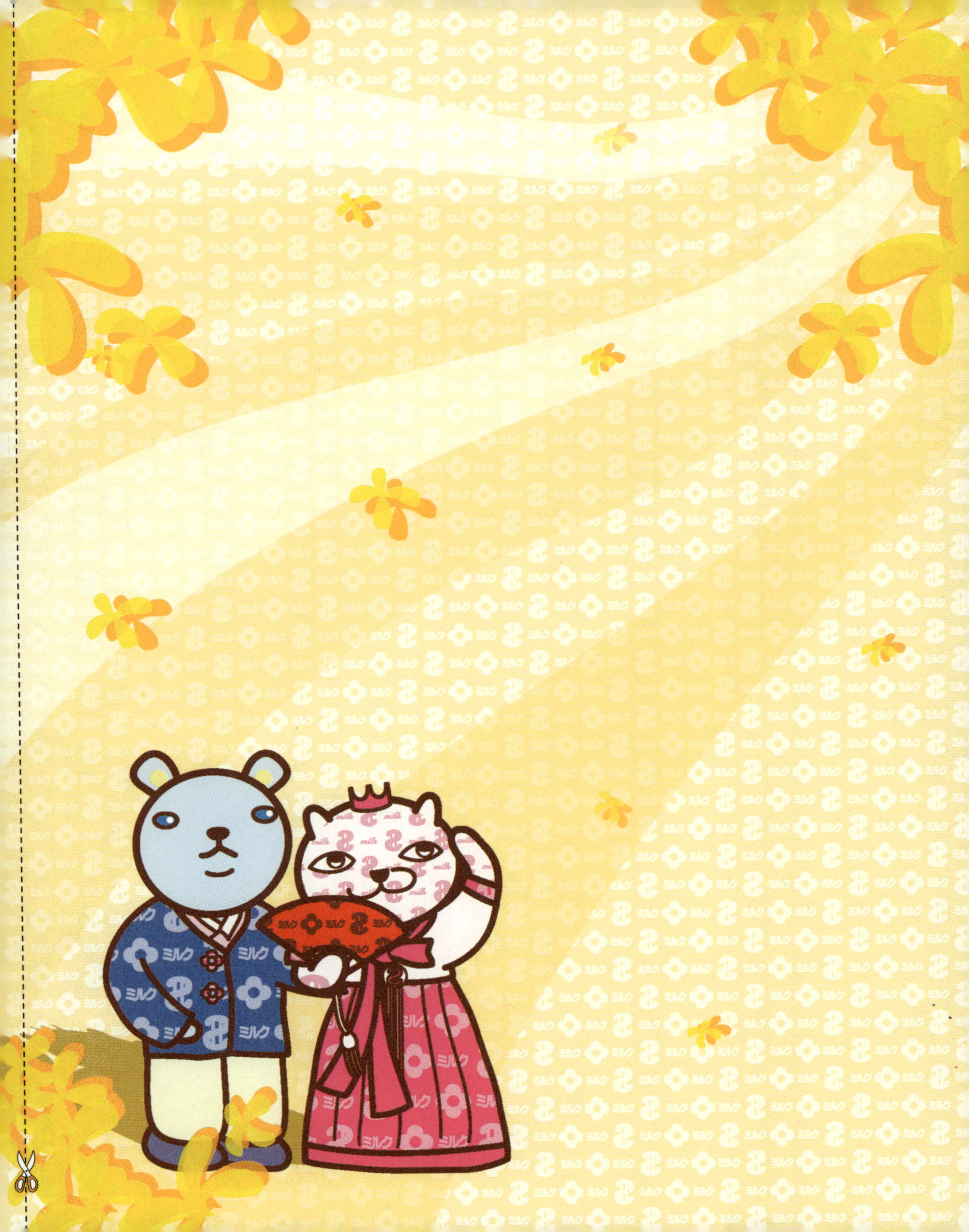
ミルク
milk